Johanna Stöckl · Rosemarie Pexa

ErlebnisUrlaub mit Kindern

MALLORCA

40 Ausflüge und Wanderungen

ROTHER
BERGVERLAG

Vorwort

Mallorca ist mehr, viel mehr als Ballermann und endlose Strände. Wenn von der größten der Baleareninseln die Rede ist, geht es leider viel zu oft nur um die typischen Klischees von Bade- und Partytourismus, dessen Auswüchse manchen Orten wie S'Arenal bereits zu einem zweifelhaften Ruf verholfen haben. Dabei hat die beliebteste Ferieninsel der Deutschen gerade Familien mit Kindern so viel mehr zu bieten.

Wer nach Wandermöglichkeiten in wildromantischer, unberührter Natur sucht, findet nur wenige Kilometer von der lebhaften Inselmetropole Palma entfernt in der Serra de Tramuntana atemberaubende Felslandschaften, tiefe Schluchten und grandiose Ausblicke. Die zahlreichen Wachtürme aus vergangenen Tagen, die zum Schutz vor Piratenangriffen überall an der Küste errichtet wurden, laden ebenso zum Erforschen ein wie die insgesamt fünf für Besucher zugänglichen Tropfsteinhöhlen der Insel.

Überall begegnet man auch Spuren der abwechslungsreichen Vergangenheit. Römische Ausgrabungen, prächtige Gärten aus maurischer Zeit, mächtige mittelalterliche Stadtmauern, alte Herrschaftshäuser, in denen die Zeit stehen geblieben scheint, Schlösser, Burgen und Klöster ermöglichen einen spannenden Blick in vergangene Zeiten.

Auch wer Abenteuer und Action sucht, kommt auf seine Kosten. Gleich mehrere Kletter- und Wasserparks, Freizeit-, Tierparks und Aquarien laden zum Besuch ein. Da kommt garantiert keine Langeweile auf, und der Aufenthalt auf der Insel wird bestimmt allen zu kurz erscheinen.

Bei der Auswahl an Touren und Programmpunkten haben wir auf möglichst große Vielfalt und Abwechslung geachtet. Es gibt auf Mallorca so viel zu tun, dass es gar nicht möglich ist, alles in diesem Führer zu berücksichtigen. Meist handelt es sich bei den vorgestellten Aktivitäten um Halbtagsprogramme, sodass nach dem Besuch oder der Tour noch ausreichend Zeit bleibt – für einen gemütlichen Stadtbummel, zum Eisessen und natürlich für das, was untrennbar zu Mallorca gehört: das Badevergnügen im angenehm warmen, kristallklaren Meerwasser.

Auch was die Strände angeht, ist für jeden etwas dabei: Kilometerlange Sandstrände findet man ebenso wie kleine felsige Buchten, die beim Schnorcheln zum Erforschen der Unterwasserwelt einladen. Und egal ob man das Strandleben mit Bars, Musik und ausgelassener Stimmung oder die Einsamkeit eines kleinen Kiesstrandes an der Nordküste bevorzugt – auf Mallorca kommt jeder auf seine Kosten.

In diesem Sinne wünschen wir Ihnen einen abwechslungsreichen, erholsamen und unvergesslichen Aufenthalt auf Mallorca!

Frühjahr 2020 — Johanna Stöckl und Rosemarie Pexa

Inhalt

Liebe Leserinnen und Leser,

infolge der Corona-Krise können sich Änderungen ergeben haben, die bei Redaktionsschluss noch nicht absehbar waren. Soweit möglich, werden wir aktuelle Hinweise unter www.rother.de (beim Buch) zur Verfügung stellen. Bitte informieren Sie sich vor der Wanderung zusätzlich über die derzeitigen Gegebenheiten.
Sollten Sie geänderte Gegebenheiten vor Ort feststellen, freuen wir uns über Korrekturhinweise per E-Mail an leserzuschrift@rother.de.

Allgemeine Hinweise

Anforderungen

Um die Auswahl der Wanderungen und sonstigen Aktivitäten zu erleichtern, sind die einzelnen Touren je nach Anforderungen farblich gekennzeichnet:

Schwierigkeitskategorien

■ Leichte Wanderung

Auch mit kleinen und nicht wandererfahrenen Kindern begehbare leichte Wanderungen und Spaziergänge in sicherem Gelände ohne nennenswerte Steigungen und mit Gehzeiten nicht über zwei Stunden.

■ Mittelschwere Wanderung

Diese Touren erfordern in jeder Hinsicht schon etwas mehr Übung und Kondition: Die Wege können steinig und schmal sein; Trittsicherheit und etwas Bergerfahrung sind erforderlich. Aber auch »leichte« Touren, die aufgrund der Länge anstrengender sind, wurden als mittelschwer eingestuft.

■ Schwierige Wanderung

Längere, anstrengendere und anspruchsvollere Touren, die auch größere Höhenunterschiede aufweisen und leichte Kraxeleien beinhalten können. Hier sind Trittsicherheit und entsprechende Bergerfahrung unbedingt nötig.

■ Sonstige Aktivitäten

Ausflüge wie etwa zu einem Kletter- oder Aquapark, in ein Meeresaquarium oder in einen Zoo sowie Besuche in alten Herrenhäusern und andere Freizeitaktivitäten. Diese stellen meist keine besonderen Anforderungen.

Detailliertere Informationen zu den Anforderungen der Wanderungen sind jeweils in der Kurzinformation aufgeführt.

Sowohl die farbige Schwierigkeitsbewertung als auch die Altersempfehlung, die bei jeder Tour zusätzlich angegeben ist, sind nur als erste Anhaltspunkte bei der Auswahl einer Wanderung oder einer anderen Aktivität zu verstehen. Jedes Kind ist anders, und auch die Tagesform ist nicht immer gleich. Eine grundsätzliche Kategorisierung ist deshalb schwierg. In der Regel können Kindergartenkinder leichte Wanderungen von bis zu 2 Stunden reiner Gehzeit und 300 Höhenmeter gut bewältigen, Grundschüler schaffen schon Wanderungen bis zu 4 Stunden und 800 Höhenmeter und mit Kindern ab 10 Jahren, die eine entsprechende Grundkondition haben, kann man auch längere Touren (bis zu 6 Stunden, 1000 Höhenmeter) unternehmen.

Letztendlich kennen aber Sie als Eltern Ihre Kinder am besten und wissen, was ihnen zuzutrauen ist.

Zeitangaben

Die bei den Wanderungen angeführten Gehzeiten verstehen sich als Anhaltspunkt und beinhalten nur die reine Gehzeit ohne Spiel-, Rast-, Essens- oder Fotopausen. Bei den sonstigen Attraktionen bietet die dort angegebene Besuchsdauer eine grobe Orientierung, ob man für die Aktivität nur ein paar Stunden oder einen ganzen Tag einplanen sollte. Als Faustregel gilt im Urlaub – und ganz besonders im Urlaub mit Kindern: Versuchen Sie nicht, so viel wie möglich in einen einwöchigen Aufenthalt hineinzupacken. Es ist

Wandern im Vall de Bóquer (Tour 23).

besser, wenn noch so viel Zeit übrig bleibt, dass man den Tag am Strand oder bei einem Eis ausklingen lassen kann, als wenn man von Aktivität zu Aktivität hetzt und nach der Rückkehr so viel Stress hinter sich hat, dass man noch eine weitere Woche Urlaub zur Erholung bräuchte.

Anfahrt

Sofern es die Möglichkeit einer öffentlichen Anreise gibt, sind Buslinie und Name der Haltestelle angegeben. Bei den Anfahrtsbeschreibungen für die Anreise mit dem Auto wird der Weg immer zunächst großräumig beschrieben (normalerweise

GPS-Tracks und Koordinaten der Ausgangspunkte

Zu diesem Erlebnisbuch stehen auf www.rother.de GPS-Tracks und Koordinaten der Ausgangspunkte zum kostenlosen Download bereit.
1. Auflage, Passwort: 326501mal
Sämtliche GPS-Daten wurden von den Autorinnen im Gelände erfasst. Verlag und Autorinnen haben die Tracks und Wegpunkte nach bestem Wissen und Gewissen überprüft. Dennoch können wir Fehler oder Abweichungen nicht ausschließen, außerdem können sich die Gegebenheiten vor Ort zwischenzeitlich verändert haben. GPS-Daten sind zwar eine hervorragende Planungs- und Navigationshilfe, erfordern aber nach wie vor sorgfältige Vorbereitung, eigene Orientierungsfähigkeit sowie Sachverstand in der Beurteilung der jeweiligen (Gelände-)Situation. Man sollte sich für die Orientierung auch niemals ausschließlich auf GPS-Gerät und -Daten verlassen.

Vielerorts werden Bootsfahrten mit Badestopp angeboten.

ab der nächsten Autobahnausfahrt) und dann im Detail auf die Zufahrt zu einer geeigneten Parkmöglichkeit eingegangen. Besitzer eines Navigationsgerätes finden im Buch zu allen Ausgangspunkten Koordinaten im Format Breiten-/Längengrad mit Dezimalstellen (diese werden auf www.rother.de auch zum Download angeboten; siehe Kasten S. 7). Straßenangaben sind selbst innerhalb von Ortschaften nicht immer sinnvoll – viele Ziele besitzen keine Hausnummern, sodass auch hier nur die Eingabe der direkten Koordinaten zum Ziel führt. Wenn das Navigationsgerät normalerweise ein anderes Format (z. B. Grad, Minuten und Sekunden) verwendet, muss man dieses am Gerät umstellen (Angaben dazu finden sich in der Bedienungsanleitung des Navis), bevor man die Angaben aus dem Buch nützen kann, oder eines der im Internet verfügbaren Umrechnungstools (z. B. www.geoplaner.de) verwenden. Bei den meisten in Europa ausgelieferten Geräten muss man »N« für Norden und »E« für Osten nicht mit eingeben.

Einkehr

Bei fast allen Wanderungen und Ausflügen gibt es entweder direkt am Weg oder in der Nähe – sodass man auf der Hin- oder Rückfahrt dort einen Stopp einlegen kann – eine Einkehrmöglichkeit in Form eines Gasthauses oder eines Imbisslokales, manchmal auch ein Café, einen Eissalon oder eine Konditorei. Wenn es an einem Ort ein breites Angebot an Einkehrmöglichkeiten gibt, wird nicht im Detail auf die Lokale eingegangen. Auch Öffnungszeiten und Telefonnummern sind nur dort angegeben, wo es sich um die einzige Einkehr weit und breit handelt.

Unterkunft

Mallorca ist annähernd zu 100 Prozent auf Pauschaltourismus ausgerichtet. Einfach mit der Fähre auf die Insel zu fahren und vor Ort nach einem Quartier zu suchen, kann zu einem Desaster werden – die meisten Quartiere sind in der Hauptsaison ausgebucht oder in der Nebensaison geschlossen. Campingplätze existieren auf der ganzen Insel keine, wildes

Campen ist verboten und wird auch bestraft. Eine Alternative zu herkömmlichen Hotels können gerade für Familien Appartements darstellen, in denen man kochen und sich somit preisgünstig selbst versorgen kann. Es werden auch komplette Ferienhäuser oder Landhäuser (Fincas) vermietet. Auch hier muss man aber unbedingt zeitgerecht schon von zu Hause aus buchen, da die besten Angebote schon Monate im Voraus vergeben sind. Am besten bucht man bei lokalen Anbietern, damit die Menschen vor Ort und nicht internationale Hotelketten profitieren.
Aufgrund der geringen Entfernungen und Fahrzeiten sind sämtliche Unternehmungen in diesem Buch als Tagesausflüge machbar, egal wo man sein Quartier aufgeschlagen hat. Deshalb verzichten wir in der Einleitung zu den einzelnen Aktivitäten auf Unterkunftsvorschläge.

Ausrüstung

Im Einleitungstext zu den einzelnen Wanderungen und Unternehmungen wird im Detail auf die ideale Ausrüstung und eventuelle Besonderheiten (Fernglas zur Vogelbeobachtung oder Taschenlampe zum Erforschen von Höhlen) eingegangen. Diese kann von Badesandalen und Handtuch für den Besuch eines Aquaparks über kleinen Rucksack und Sportschuhe für einen Stadtrundgang bis hin zu festen Bergschuhen und kompletter Wanderausrüstung für eine zünftige Bergtour reichen.
Während man bei der übrigen Ausrüstung für Bergwanderungen sehr variabel ist – manche bevorzugen moderne Funktionsbekleidung aus schnell trocknenden, Schweiß ableitenden Kunstfasern, während andere auf leichte Baumwoll-T-Shirts schwören – sollte man bei den **Schuhen** keine Kompromisse eingehen. Wichtig ist, vor dem Urlaub die Schuhe bei kurzen Wanderungen auszuprobieren – sie sollten gut passen, sodass die Füße darin nicht herumrutschen, aber auf jeden Fall genug Freiraum bei den Zehen bieten. Druckstellen und Blasen sind etwas, was Kindern und Erwachsenen gleichermaßen die Freude am Wandern verderben kann.

Am Weg zur Ermita de la Victòria (Tour 24).

Am Cúber-Stausee in der Tramuntana (Tour 17).

Die Frage langer oder kurzer **Hosen** ist auch so eine Geschmackssache. Wir empfehlen Shorts und halblange Hosen nur für Spaziergänge auf breiten Wegen; sobald es ins Gelände geht, sind, auch wegen der Gefahr durch Stürze auf scharfkantigem Gestein, lange Hosen eindeutig die bessere Wahl.

In den Kurzinformationen zu den jeweiligen Aktivitäten wird auf das richtige Schuhwerk hingewiesen. Jene Dinge, die immer und bei jeder Wanderung dabei sein sollten, werden nicht eigens erwähnt: Egal, wie das Wetter zum Zeitpunkt des Aufbruchs aussehen mag, ein leichter **Regenschutz** und zumindest eine dünne, winddichte Jacke gehören immer ins Gepäck, auch wenn Regen und Gewitter auf Mallorca im Sommer kaum vorkommen. Ein kleiner (Not-)Proviant (selbst bei einem nur halbstündigen Spaziergang kann jemand einen akuten »Hungeranfall« bekommen) und eine Flasche mit Trinkwasser müssen auch immer dabei sein. Bei Touren ohne Einkehrmöglichkeit muss der Wasservorrat entsprechend größer ausfallen, denn Quellen entlang des Weges sind eher selten, und nicht immer kann das Wasser bedenkenlos getrunken werden.

Ganz wichtig ist ein guter **Sonnenschutz**, denn die UV-Strahlung ist sowohl am Meer als auch im gebirgigen Hinterland spürbar stärker als in Mitteleuropa. Sonnencreme mit Schutzfaktor von mindestens 30, von Juni bis August besser 50, sollte schon vor dem Aufbruch aufgetragen und in regelmäßigen Abständen nachgecremt werden, vor allem nach einem Aufenthalt im Wasser. Eine Sonnenbrille mit gutem UV-Filter und am besten ein leichter Sonnenhut oder eine Schirmkappe gehören zur Grundausstattung und sollten bei keiner Tour fehlen. Und:

Wer trotz aller Vorsichtsmaßnahmen bereits einen Sonnenbrand hat, gehört für die nächsten Tage in den Schatten und sollte vor allem die Mittagszeit meiden. Der englische Spruch »from eleven to three stay under a tree« gilt in Mallorca nur bedingt, denn aufgrund der geografischen Lage steht die Sonne erst gegen 14 Uhr am höchsten, sodass die Sonneneinstrahlung zwischen 12 und 16 Uhr am größten ist. Auch wenn es vielleicht schwierig sein kann, Kinder in den Ferien zum Aufstehen zu motivieren, sind Frühaufsteher auf Mallorca eindeutig im Vorteil: Um 10 Uhr vormittags bekommt man nicht nur fast überall noch einen Parkplatz und die Touristenhorden halten sich in Grenzen, man profitiert dann auch noch von der angenehmsten und kühlsten Zeit des Tages.

Normalerweise wird der Großteil des Gepäcks von den Erwachsenen getragen; größere Kinder können (und wollen oft!) selbst einen **Rucksack** tragen – zumindest zu Beginn der Wanderung. Ideal ist es, wenn der Ranzen der Kinder klein genug ist, dass er sich zusätzlich noch obenauf in den Rucksack der Eltern stopfen lässt, wenn es irgendwann mal keinen Spaß mehr macht, ihn zu tragen oder er zu schwer geworden ist. Als Faustregel gilt, dass der Rucksack nie schwerer sein sollte als ein Zehntel des Körpergewichtes und beim Gehen nicht hinderlich sein darf.

Zum Herumkraxeln findet sich immer wieder eine Gelegenheit (Tour 23).

Wer mit ganz kleinen Kindern unterwegs ist, die noch nicht – oder nicht die ganze Strecke – selbst laufen können, für den sind Rückentragen eine mögliche Alternative: Ein Elternteil trägt das Gepäck, der andere nimmt das Kleinkind in der Trage. Allerdings sollte man sich dazu nur dann entschließen, wenn man bereits zu Hause Touren mit Rückentrage unternommen hat und das Kind daran gewöhnt ist. Schwierige Touren, bei denen man auf schmalen Wegen unterwegs ist und ausrutschen könnte, sind wegen des stark erhöhten Schwerpunktes mit Rückentrage jedenfalls tabu.

Baden nach der Wanderung macht Spaß (Tour 24).

Besuch auf der Straußenfarm Artestruz (Tour 36).

Mit Kindern unterwegs

Es gibt viele Aktivitäten, die für Erwachsene und Kinder gleichermaßen interessant, spannend und unterhaltsam sind. Kinder empfinden etwa Wanderungen an und für sich nicht automatisch als langweilig – es kommt nur darauf an, was es an interessanten Dingen unterwegs zu entdecken gibt. Oft ist es auch entscheidend, wie man Kindern eine Tour schmackhaft macht. Eine Burgruine wird zum Beispiel gleich wesentlich interessanter, wenn man sich vorstellt, wie die Menschen hier früher gelebt haben.

Während Erwachsene auch eine Stunde auf einer eintönigen Forststraße in Kauf nehmen, wenn es dafür am Ende einen herrlichen Aussichtspunkt gibt, ist die Toleranz der meisten Kinder hier deutlich geringer und sie wollen ständig etwas sehen, erleben und beschäftigt sein. Die Wanderungen und Ausflüge in diesem Buch nehmen darauf Rücksicht. Bei allen Touren gibt es Dinge, die für Kinder interessant, spannend und abwechslungsreich sind. Mal kann man alte Ruinen erforschen, mal gibt es Höhlen zu entdecken, oder man hat die Möglichkeit, ein altes Kloster zu besichtigen. Auch bei den beschriebenen Städten und Sehenswürdigkeiten liegt das Hauptaugenmerk auf denen, die für die ganze Familie interessant sind.

Im Marineland gibt es Shows mit Seelöwen zu bestaunen (Tour 2).

Beste Reisezeit

Mallorca weist ein mediterranes Klima auf, wobei einem eher gemäßigten Klima in den Bergen der Serra de Tramuntana ein schon als subtropisch zu bezeichnendes Klima im Süden gegenübersteht. Während die Temperatur selbst im Winter meist zwischen 11 und 17 Grad liegt, wird im Juli und August mit weit über 30 Grad im Schatten und selten unter 18 Grad in der Nacht das Temperaturmaximum erreicht. Wenngleich diese Temperaturen ideal für den Aufenthalt am Strand sind, empfinden viele die Hitze für ausgedehnte Wanderungen als unangenehm. Wer also längere Wanderungen plant, sollte Mallorca lieber in der Vor- oder Nachsaison, sprich in den Oster-, Pfingst- oder Herbstferien einen Besuch abstatten.

Praktisch alle in diesem Führer genannten Aktivitäten sind ganzjährig möglich, wobei bei vielen Attraktionen außerhalb der Hauptsaison kürzere Öffnungszeiten gelten. Man sollte nur beachten, dass die Wassertemperatur, die mit 25 Grad im August ihr Maximum erreicht, zwar bis in den Oktober mit 21 Grad angenehm warm bleibt, im April oder Mai mit 15 bis 17 Grad aber noch nicht wirklich zum Baden geeignet ist.

Generell gilt auch auf Mallorca, dass die Preise in der Hochsaison deutlich erhöht sind, die Besucherzahlen um ein Vielfaches höher und damit auch bei verschiedenen Attraktionen die Warteschlangen deutlich länger sind.

Sprache

Generell ist die Verständigung auf Mallorca überhaupt kein Problem, denn in allen Touristenorten und bei den meisten größeren Sehenswürdigkeiten wird Deutsch oder Englisch gesprochen. Auch auf Hinweis- und Infotafeln gibt es meist Erklärungen auf Deutsch oder Englisch. Falls jemand Spanisch spricht, kommt er damit natürlich auch wunderbar zurecht – denn obwohl sich die meisten Einheimischen im Alltag auf Mallorquinisch (mallorquí) unterhalten, sprechen und verstehen sie auch Kastilisch, also das »offizielle« Spanisch.

Auch Wasserparks bieten im Sommer willkommene Abkühlung (Tour 4).

Wenn einer eine Reise tut …

Anreise

Der überwiegende Teil der Urlauber auf Mallorca nützt das Flugzeug für die Anreise, meist in Kombination mit einem Mietwagen. Der einzige internationale Flughafen der Insel befindet sich im Südosten der Hauptstadt und ist direkt an die Autobahn Ma-19 angebunden, die von Palma nach Campos führt. Auch alle anderen Touristenorte der Insel sind vom Flughafen aus in einer Stunde oder darunter zu erreichen.

Nur wenige wählen bisher die Anreise mit dem eigenen Auto, obwohl diese durchaus Vorteile bietet – man unterliegt weniger Einschränkungen beim mitgeführten Gepäck, kann etwa auch eigene Fahrräder oder ein Schlauchboot mitnehmen. Für Reisende aus Deutschland, Österreich und der Schweiz kommt dabei in erster Linie die Fährverbindung vom französischen Mittelmeerhafen Toulon nach Alcúdia in Frage, die in der Hauptsaison 2- bis 3-mal wöchentlich angeboten wird (10–11 Stunden, Abfahrt abends, Ankunft morgens). Buchungen erfolgen über die Website der Betreibergesellschaft Corsica Ferries. Die Kosten liegen mit rund 175 Euro pro Richtung für eine vierköpfige Familie inklusive Fahrzeug und Kabine deutlich unter dem, was man in der Hauptsaison für einen Flug bezahlt, und die Treibstoffkosten für die Anreise reichen nicht annähernd an die Ausgaben für einen Mietwagen auf der Insel heran.

Unterwegs auf Mallorca

Das Straßennetz auf der Insel ist – natürlich auch dank der Millionen von Touristen, die Jahr für Jahr hier unterwegs sind, bestens ausgebaut. Es gibt vier Autobahnen, die Ma-1 von Palma Richtung Andratx, die Ma-13 Richtung Alcúdia, die Ma-15 nach Manacor und die Ma-19 nach Llucmajor, die derzeit gerade nach Campos verlängert wird. Verbunden sind sie durch die Stadtautobahn von Palma, die Ma-20. Sämtliche Autobahnen auf Mallorca sind mautfrei.

Auch der Rest des Straßennetzes im Süden und Osten der Insel erlaubt ein schnelles Vorankommen, während man sich bei Fahrten im Tramuntana-Gebirge im Nordwesten der Insel auf endlose Kurvenstraßen einstellen muss. Das gesamte Straßennetz ist natürlich in erster Linie auf die Hauptstadt ausgerichtet, da dort auch etwa die Hälfte der Gesamtbevölkerung lebt. In vielen

Besuch im botanischen Garten Botanicactus (Tour 38).

Die Bahnlinie von Palma nach Sóller gibt es schon seit fast hundert Jahren.

Fällen, z. B. vom Süden der Insel Richtung Inca oder Pollença, ist es schneller, auf der Autobahn über Palma als über die kilometermäßig kürzeren Landstraßen zu fahren. Allerdings sollte man in den Nachmittagsstunden den Ballungsraum der Hauptstadt eher umfahren, da es dann vor allem auf der Stadtautobahn Ma-20 und auf der Ma-19 zwischen Palma und S'Arenal zu kilometerlangen Staus kommt.

Das öffentliche Verkehrsnetz ist zwischen den Hauptorten der Insel bestens ausgebaut. Es existiert eine Bahnlinie von Palma nach Inca, die sich dort in zwei Äste teilt – einer führt nach Sa Pobla, der andere nach Manacor. Die Bahnlinie von Palma nach Sóller, die mit über 90 Jahre alten Nostalgietriebwagen betrieben wird (siehe Tour 14) hat keinerlei reale Verkehrsbedeutung und verkehrt ausschließlich für Touristen.

Busse verkehren auf den Hauptverbindungen in einem dichten Intervall und sind relativ preisgünstig, zu abgelegenen Orten gibt es jedoch nur wenige Busse täglich. Manche Ziele in diesem Buch sind leider gar nicht öffentlich erreichbar. Internetadressen und Telefonnummern der Betreibergesellschaften finden sich auf der hinteren Umschlagklappe.

Sicherheit

Mallorca gilt als relativ sicheres Reiseziel. Obwohl die Gefahr eines Autoeinbruchs selbst auf abgelegenen Wanderparkplätzen eher gering ist, sollte man die üblichen Vorsichtsmaßnahmen berücksichtigen. Wertgegenstände, Dokumente und Handy sollte man nicht im Fahrzeug zurücklassen. Taschendiebstähle kommen vor allem dort vor, wo sich viele Touristen auf einem Fleck aufhalten und wo die Diebe leicht im Gewühl untertauchen können; man sollte Geld und Papiere deshalb nicht in der leicht zugänglichen Außentasche des Rucksacks aufbewahren und Taschen bei Menschenansammlungen nahe am Körper tragen.

Am Castell d'Aláró (Tour 16).

Gesundheitsversorgung

Die ärztliche Versorgung gilt in Spanien als gut. Unter Vorweis der Europäischen Krankenversicherungskarte und eines Personalausweises kann man sich in den staatlichen Gesundheitszentren (»centre de salut«) behandeln lassen, die es in allen größeren Dörfern und Städten gibt und die eine medizinische Grundversorgung gewährleisten. Die Adressen findet man im Internet unter www.ibsalut.es. Darüber hinaus gibt es auch vier größere staatlich geführte Krankenhäuser auf der Insel, je eines in Inca und Manacor und zwei in Palma, sowie zahlreiche private Kliniken und Privatärzte, bei denen die Behandlung aber bezahlt werden muss und die Kosten nicht oder nur teilweise von der heimischen Krankenkasse vergütet werden.

Handy und Internet

Das Mobiltelefonnetz ist in den Ballungsräumen ausgezeichnet ausgebaut, während es in abgelegenen Berggegenden auch immer wieder Gebiete ohne Empfang gibt. Der Ausbau des mobilen Datennetzes ist zufriedenstellend; zumindest in den Städten und allen Touristenorten kann man 4G-Verbindungen nutzen.

Geld

Auch auf Mallorca kann man mittlerweile so gut wie überall – bei Tankstellen, in Supermärkten und bei fast allen Touristenattraktionen – mit Bank- oder Kreditkarten bezahlen. Es gibt aber einzelne Ausnahmen wie etwa die Bahn nach Sóller oder auch kleine Kioske, die keine Karten akzeptieren, sodass man auch immer ausreichend Bargeld bei sich haben sollte. Geldautomaten findet man in allen größeren Ortschaften. Vor allem für Parkautomaten, die oft nur Münzen annehmen, sollte man immer ausreichend Kleingeld bereithalten. In Parkhäusern oder -garagen bezahlt man üblicherweise minutengenau für die tatsächlich in Anspruch genommene Zeit, bei manchen Parkplätzen hingegen muss die Gebühr für eine bestimmte Parkzeit im Voraus bezahlt werden.
Generell sind die Preise auf Mallorca umso höher, je touristischer ein Ort ist, wobei man hier sowohl positive als auch negative Überraschungen erleben kann. Insgesamt sind die Preise für vergleichbare Produkte auf Mallorca etwa auf dem gleichen Niveau wie in Österreich oder Deutschland. Bei allen Programmpunkten in diesem Buch, bei denen Kosten anfallen, wird darauf hingewiesen. Die Preise entsprechen dem Stand von 2019 und können in den Folgejahren dementsprechend höher ausfallen.

Notrufe

Auf Mallorca gilt die einheitliche Europäische Notrufnummer 112, die man kostenlos von jedem Mobiltelefon aus wählen kann. Man wird dann an die zuständige Stelle (Feuerwehr, Polizei, Unfallrettung oder Bergrettung) weitervermittelt.

Im Palma Aquarium fühlt man sich wie ein Meeresforscher (Tour 2).

Aktivitäten für Schlechtwetter & Co

Schlechtwetter auf Mallorca? Eigentlich kein Thema, könnte man meinen; wer im Sommer hierher kommt, hat gute Chancen, während seines gesamten Aufenthaltes keine einzige Regenwolke zu sehen. In der Vor- und Nachsaison, also wenn man die Oster-, Pfingst- oder Herbstferien für einen Kurzurlaub auf Mallorca nützt, kann man aber schon den einen oder anderen Regentag erwischen. Vielleicht auch als Folge des Klimawandels häufen sich auch auf Mallorca die extremen Wetterereignisse, und plötzlich auftretende sintflutartige Starkregen haben auch schon zu Überflutungen geführt. Viele der in diesem Buch angeführten Programmpunkte sind auch bei Schlechtwetter möglich, insbesondere sämtliche Besuche von Höhlen, die Besichtigung der als Museum eingerichteten alten Herrenhäuser oder des Palma-Aquariums. Weitere Möglichkeiten sind:

Stadtbummel: Ein Stadtrundgang lässt sich im Gegensatz zu einer Wanderung viel leichter auch bei schlechtem oder zweifelhaftem Wetter einplanen. Schließlich kann man zur Not auch mit Regenschirm gehen, und wenn es allzu heftig zu regnen beginnt, sich ins Innere eines Einkaufszentrums, eines Cafés oder Restaurants flüchten.

Museumsbesuche: Es gibt auf Mallorca auch zahlreiche größere und kleinere Museen, etwa das Militärmuseum (Museo Histórico Militar de San Carlos) in Palma (Carretera del Dique Oeste, Tel. +34 971 402145, www.museomilitarsancarlos.com) oder das Rafa Nadal Museum in Manacor (Ctra. Cales de Mallorca s/n | km 1,2, Tel. +34 971 171683, https://sportxperience.rnsportscentre.com/de/).

Einkaufszentren: In allen größeren Städten befinden sich Einkaufszentren, die man als letzten Ausweg immer noch aufsuchen kann, wenn einem bei Schlechtwetter nichts anderes mehr einfällt. Sie verfügen meist über überdachte Parkplätze oder Garagen, in denen man (zumindest für eine bestimmte Zeitspanne) gratis parken kann.

Römer, Mauren und Reconquista – die abwechslungsreiche Geschichte Mallorcas

Viele Herrscher hatte die Insel Mallorca im Laufe der Jahrtausende, und aufgrund des milden Klimas, der fruchtbaren Böden und ausreichend Wasser in den Bergen im Norden wundert man sich nicht, dass bereits in urgeschichtlicher Zeit vor rund 6000 Jahren Menschen hier lebten, wie Ausgrabungen und Funde in verschiedenen Höhlen belegen.

Ab etwa 1300 v. Chr. entwickelte sich auf der Insel eine eigene Hochkultur, gekennzeichnet durch Bauten aus riesigen Steinquadern (sogenannte Zyklopenbauten), wie sie in der Jungsteinzeit im gesamten Mittelmeerraum üblich waren. Aus dieser Zeit finden sich noch vereinzelte Überreste und Ausgrabungen, unter anderem in der Nähe von Artà und Llucmajor.

Etwa ab der Mitte des siebten vorchristlichen Jahrhunderts geriet Mallorca unter den Einfluss Karthagos und wurde im dritten Jahrhundert vor Christus auch in den Punischen Krieg hineingezogen. Die damals von den Karthagern als Steinschleuderer (Balears) angeheuerten Söldner scheinen für ihre Kampftechnik so bekannt gewesen zu sein, dass sich ihr Name auf die gesamte Inselgruppe übertrug; die »Balearen« sind also vom Wortursprung her die Inseln der Steinschleuderer.

Nach dem Untergang Karthagos besetzten die Römer Mallorca im Jahr 123 v. Chr. und gründeten hier die Stadt Pollentia (im Mallorquinischen meist als Pol·lèntia geschrieben, siehe Anmerkungen zur Sprache im übernächsten Kapitel) auf dem Gebiet des heutigen Alcúdia und die Stadt Palmaria Palmensis, das heutige Palma, das aber lange Zeit weit weniger bedeutend war als Pollentia. Auch Sinium (in der Nähe von Sineu) und Cunium (bei Manacor) waren bedeutende römische Gründungen.

Zur Zeit der Völkerwanderung wurde Mallorca von den Vandalen erobert, die hier aber kaum kulturelle Spuren hinterlassen haben, danach kam es für zwei Jahrhunderte unter byzantinische Herrschaft.

Vom Jahr 902 an herrschten die Mauren und Araber auf den Inseln, die zu einem Teil des Emirates von Córdoba wurden. Aus dieser Zeit stammen die bis heute erhaltenen, durch Trockenmauern begrenzten Terrassen, auf denen Landwirtschaft betrieben wurde, sowie ein ausgeklügeltes System von Brunnen und Kanälen zur Bewässerung. Auch einige der prächtigen Gartenanlagen

Zahlreiche Wachtürme erinnern an die Zeit der Piratenüberfälle (Tour 29).

Aufstieg zum Castell d'Alaró (Tour 16).

auf der Insel haben ihren Ursprung in der maurischen Zeit.
Am Silvesterabend des Jahres 1229 gelang König Jaume (Jakob) I. von Aragón und Katalonien die Eroberung der Stadt Medina Mayurka, des heutigen Palma, und in weiterer Folge der ganzen Insel. Nach der »Reconquista«, wie man die erfolgreiche Rückeroberung von den Mauren nennt, wurde das Königreich Mallorca gegründet, das bis Anfang des 18. Jahrhunderts ein selbstständiger Teil Aragóns bzw. Spaniens blieb. Das 13. Jahrhundert war von steigendem Wohlstand der Bevölkerung gekennzeichnet, doch im 14. Jahrhundert suchten Pestepidemien und Hungersnöte die Insel heim. Dazu kamen ab Ende des 15. Jahrhunderts immer öfter Überfälle und Verwüstungen durch Piraten. Aus dieser Zeit stammen die zahlreichen Wachtürme entlang der Küste.

Nach dem Ende des Spanischen Erbfolgekriegs im Jahr 1715, in dem Mallorca und Ibiza auf Seite der Habsburger gegen die Bourbonen kämpften, endete die Unabhängigkeit der Insel. Erst zweieinhalb Jahrhunderte später, nach dem Ende der Franco-Diktatur und der Einführung der Demokratie, erhielten die Balearischen Inseln im Jahr 1983 wieder den Status als autonomes Territorium, das nun von einer eigenen Inselregierung verwaltet wird.

Kapelle bei der Talaia de sa Mola de Tuent (Tour 18).

Ballermann und Betonküste – Mallorca und der Tourismus

»Ich bin der König von Mallorca, ich bin der Prinz von Arenal«, sang Jürgen Drews bereits im Jahr 1999. Damit drückte er schon recht treffend die Einstellung aus, mit der viele Touristen, vor allem aus Deutschland, England und Skandinavien, nach Mallorca kommen. Einmal so richtig die Sau rauslassen, feiern und trinken, bis der Arzt kommt. Schließlich lebt man nur einmal – und Rücksichtnahme auf die Einheimischen passt da schlecht dazu. Dass diesen der Party- und Sauftourismus zunehmend ein Dorn im Auge ist, darf niemanden wundern, und in den letzten Jahren tauchen immer wieder tourismusfeindliche Graffiti und Schmierereien an Hauswänden auf. Restriktive Verordnungen der Behörden, wie Alkoholverbote am Strand mit bis zu 3000 Euro Strafe und Lautstärkegrenzen für Musik, haben zumindest dazu geführt, dass sich tagsüber auch wieder mehr Familien mit Kindern an der Platja de Palma einfinden und man nachts früher einschlafen kann.

Einerseits ist der Tourismus die Lebensader und wichtigste Einnahmequelle für die Insel, andererseits führen seine Auswüchse heute zu massiven Umwelt- und Verkehrsproblemen. Man muss dabei bedenken, dass lediglich 860.000 Einwohnern jährlich 10 Millionen Touristen gegenüberstehen, davon 4 Millionen aus Deutschland.

Während die ersten zaghaften Anfänge des Tourismus auf Mallorca bis in die 20er- und 30er-Jahre des 20. Jahrhunderts zurückreichen, begann der Massentourismus erst in den Tagen des faschistischen Franco-Regimes in den 1960er-Jahren. Damals begann man mit dem Bau großer Hotelanlagen, und es wurde der Grundstein für die völlige Verbauung und Zersiedelung der Küste gelegt. Als Negativbeispiel gilt dabei die sogenannte »Betonküste« in der Bucht von Palma, aber auch an anderen Teilen der Küste wurde ohne Rücksicht auf Natur und Umwelt ein Hotelklotz neben dem anderen errichtet. Der Wildwuchs an Hotel- und Appartementanlagen hat dazu geführt, dass es nur mehr wenige unberührte Küstenabschnitte gibt und viele einheimische Tier- und Pflanzenarten in ihrem Bestand bedroht sind. Erst in den letzten Jahrzehnten wurde diese Entwicklung gestoppt, indem die letzten unversehrten Küstenabschnitte unter Naturschutz gestellt und teilweise sogar illegal errichtete Bauten abgerissen wurden.

Eines der größten Probleme im Zusammenhang mit den Millionen von Touristen ist aber die Wasserversorgung. Laut Angaben der Stadt Palma verbraucht ein Tourist im Durch-

Mit dem Massentourismus haben nicht alle ihre Freude.

Hotelanlagen und Strand von Cala Mesquida (Tour 28).

schnitt um die 275 Liter Wasser am Tag, während die Einheimischen mit rund 120 Liter auf weniger als die Hälfte kommen. Gerade dann, wenn die meisten Touristen hier sind, regnet es praktisch nicht, sodass sich die kargen Wasservorräte der Insel rasch erschöpfen, die Wasserspeicher wie etwa die künstlichen Seen Cúber und Gorg Blau leeren sich schnell; durch das Hochpumpen von Grundwasser strömt immer mehr salziges Meerwasser nach, sodass mittlerweile mehr als die Hälfte der Grundwasserbrunnen unbrauchbar geworden sind. Trinkwasser muss zum Großteil in Flaschen vom Festland eingeführt werden, was wiederum ein enormes Abfallproblem mit sich bringt. Für die Versorgung vieler Hotelanlagen muss bereits auf entsalztes Meerwasser zurückgegriffen werden.

Dass man sich in den letzten Jahren immer mehr bemüht, außerhalb der Hauptsaison Touristen auf die Insel zu locken und dass zu diesem Zweck das Angebot für Wander- und Mountainbiketourismus ausgebaut wird, ist sicher ein Schritt in die richtige Richtung.

Auch wenn man sie nicht lösen kann, sollte man sich als urlaubende Familie auf Mallorca zumindest der Probleme bewusst sein. Und einen kleinen Teil kann man doch beitragen: Nicht öfter und länger duschen als nötig, generell sparsam mit dem Wasser umgehen, beim Einkauf versuchen, Müll zu vermeiden, dort, wo es sich anbietet, auf den Mietwagen verzichten und öffentliche Verkehrsmittel benützen und generell den Einheimischen mit Respekt begegnen, denn schließlich ist man ja hier auf einer der schönsten Inseln des Mittelmeeres nur zu Gast und sollte dafür sorgen, dass die Schönheit auch für die Zukunft erhalten bleibt. Dass man seinen Müll wieder mitnimmt, sollte ebenso selbstverständlich sein wie dass man keine Zigarettenstummel wegwirft, nicht zuletzt wegen der großen Waldbrandgefahr während der Sommermonate.

Katalanisches Kauderwelsch – die mallorquinische Sprache

Auch wer schon einmal in anderen Teilen Spaniens auf Urlaub war oder in der Schule Spanisch gelernt hat, wird möglicherweise nichts verstehen, wenn die Einheimischen sich untereinander unterhalten. Aber keine Angst: Bei allen touristischen Sehenswürdigkeiten und Attraktionen Mallorcas wird man sich mit Deutsch oder Englisch bestens verständigen können, und auch mit Kastilisch, also dem Standard-Spanischen, wird man überall verstanden.

Mallorquinisch (mallorquí) ist ein Dialekt der katalanischen Sprache. Unterscheidet sich schon das Katalanische in vielen Punkten vom Kastilischen, so weicht Mallorquinisch noch gravierender ab. Entstanden ist die Sprache aus dem gesprochenen Latein im Nordosten der Iberischen Halbinsel. Das Katalanische kam mit der Rückeroberung Mallorcas von den Mauren im Jahr 1229 auf die Insel, wo sich im Lauf der Jahrhunderte ein eigenständiger Dialekt entwickelte, der viele Elemente aus anderen romanischen Sprachen wie Italienisch oder Französisch übernommen hat. So ist das mallorquinische Wort für »Frau«, »dona«, dem italienischen »donna« näher als dem spanischen »mujer«, und das Wort für »Strand«, »platja« (gesprochen »pladsche«) erinnert mehr an das französische »plage« als ans Spanische »playa«.

Nach dem Spanischen Erbfolgekrieg Anfang des 18. Jahrhunderts wurde das Katalanische am Festland immer weiter zurückgedrängt und Kastilisch zur spanischen Standardsprache; das Mallorquinische blieb davon aber weitgehend unberührt und wurde weiter gesprochen. Nach dem Ende des Spanischen Bürgerkriegs im Jahr 1939 jedoch wurden alle regionalen Dialekte von der Franco-Diktatur unterdrückt und verboten, so auch das Mallorquinische. In dieser Zeit verschwand es komplett aus dem schriftlichen Gebrauch, sodass Bewohner Mallorcas, die damals aufgewachsen sind, es zwar sprechen, aber nicht schreiben können, weil es nur mehr mündlich weitergegeben werden konnte.

Mit der Verfassung von 1978 und der Autonomie der Balearen änderte sich die Situation wieder. Mallorquinisch durfte wieder offiziell gesprochen und auch geschrieben werden, und so erhielten viele Orte und Straßen ihre ursprünglichen Bezeichnungen wieder. El Arenal wurde wieder S'Arenal, die Sierra de Tramontana wurde wieder zur Serra de Tramuntana, Höhlen wieder von Cuevas zu Coves u.s.w.

Im Prinzip braucht man sich heute als Tourist mit den sprachlichen Eigenheiten nicht zu beschäftigen, wichtig ist nur zu wissen, dass es sie gibt, und sich nicht darüber zu wundern, wenn dasselbe Ziel mal so, mal so angeschrieben ist. Man findet auf Mallorca ein buntes Gemisch an Schildern und Wegweisern auf Kastilisch-Spanisch, Katalanisch und Mallorquinisch, sodass derselbe Strand manchmal als »platja« und dann wieder als »playa« ausgeschildert ist. Wir haben in diesem Buch bevorzugt die »einheimische« mallorquinische Variante verwendet.

Darüber hinaus ist es ganz hilfreich zu wissen, wie mallorquinische Namen richtig ausgesprochen werden, falls man mal nach dem Weg fragen muss und sich nicht blamieren möchte. Viele Ortsnamen enthalten ein »x«, wie etwa Andratx oder Felanitx. Dieses wird wie ein »Sch« ausgesprochen, also »Andratsch« oder »Felanitsch«. Auch die Buchstabenkombination »ig« am Wortende wird zu einem »tsch« sodass das Wort »puig« für »Berg«, das einem häufig begegnet, als »putsch« gesprochen wird.

Das typisch spanische »ñ«, das »eñe«, existiert im Katalanischen und Mallorquinischen nicht, es wird mit der Buchstabenkombination »ny« umschrieben. Und das Doppel-L, das auf dem spanischen Festland üblicherweise zu einem »lj« wird, spricht man auf Mallorca als reines »j« aus. (Wenn ein Doppel-L nicht als »j« gesprochen werden soll, wie im Namen der römischen Siedlung Pol·lèntia, so wird dies durch einen Punkt zwischen den beiden L kenntlich gemacht.) Wer sich also nicht als deutscher Tourist outen möchte, der von der korrekten Aussprache keine Ahnung hat, macht also nicht Urlaub auf »MaLLorca« (und schon gar nicht auf »Malle«), sondern auf »Majorca« – eine Schreibweise, die sich auch hin und wieder bei Aufschriften findet.

Mallorquinisch – kleines Wörterbuch

aigua	Wasser	llevant	Osten
aparcament	Parkplatz	mapa	Landkarte
area recreativa	Rastplatz	mar	Meer
autobús	Bus	mercat	Markt
avinguda	Straße	mirador	Aussichtspunkt
barranc	Schlucht	mola	Bergkuppe
bosc	Wald	molí	Mühle
caló	Bucht	muntanya	Gebirge
camí	Weg	museu	Museum
cap	Kap	nord	Norden
capella	Kapelle	oest	Westen
carrer	Straße	parada	Haltestelle
casa	Haus	parc	Park
castell	Burg, Festung	passeig	Promenade, Fußgängerweg
centre de salut	Ambulanz, Gesundheitszentrum	pla	Ebene
coll	Bergsattel, Pass	plaça	Platz
coma	kleines Tal	platja	Strand
costa	Küste	pont	Brücke
cova	Höhle	port	Hafen
creu	Kreuz	pou	Brunnen
embassement	Stausee	puig	Gipfel
entrada	Eingang	punta	Landspitze
ermita	Einsiedelei	ranxo	Reiterhof
església	Kirche	refugi	Schutzhütte
estació	Bahn-, Busbahnhof	roca	Fels
far	Leuchtturm	santuari	Heiligtum, Kloster
finca	Landgut	serra	Bergkette
font	Quelle	sud	Süden
forn de calç	Kalkofen	talaia	Wachturm
gorg	Tümpel	torre	Turm
illa	Insel	torrent	trockener Flusslauf
jardin	Garten	tren	Zug, Eisenbahn

Die Umgebung von Palma und der Westen

Kein Teil von Mallorca ist so gegensätzlich wie der Westen der Insel. Einerseits liegt hier die Hauptstadt Palma (siehe Tour 1), eine Großstadt mit rund 400.000 Einwohnern – das bedeutet, dass jeder zweite Mallorquiner hier lebt. Es handelt sich um den am dichtesten besiedelten Teil Mallorcas, hier liegen neben Wohnvierteln sowie ausgedehnten Industrie- und Gewerbegebieten auch die meisten der Hotels und Appartements der Insel – etwa ein Viertel aller Betten der Insel befindet sich alleine an der Bucht von Palma. Kein Wunder, dass hier auch die meistbesuchten und überlaufensten Strände der Insel liegen, wobei die Urlaubsorte östlich des Stadtzentrums wie S'Arenal fest in deutscher Hand sind, während der Westen bei Magaluf die gleiche Rolle bei den britischen Touristen einnimmt.

Die Masse an Gästen, die hier ihren Urlaub verbringt, bringt es mit sich, dass sich im unmittelbaren Einzugsgebiet der Hauptstadt auch eine Fülle von Attraktionen befindet: Zwei der drei Wasserparks der Insel (Tour 4), ein Marinepark und das Palma Aquarium (Tour 2), der einzige Vergnügungspark Mallorcas (Tour 5) sowie beide Kletterparks (Tour 3).

Fährt man nur wenige Kilometer von der Hauptstadt nach Norden, so bietet sich ein ganz anderes Bild. Inmitten der selbst im Hochsommer überraschend grünen Berglandschaft der Serra de Tramuntana gibt es kleine Dörfer mit engen Gassen, die sich in die Täler und an die Berghänge schmiegen, und statt breit ausgebauter Autobahnen gibt es nur mehr schmale Serpentinenstraßen. Obwohl man auch hier vielen Touristen begegnet, ist der Rummel nicht mit dem in der unmittelbaren Umgebung von Palma vergleichbar.

Wer also mit seiner Familie hier im Westen sein Quartier aufschlägt, findet eine große Vielfalt an Möglichkeiten in unmittelbarer Nähe, sowohl in Form von schönen Wanderungen als auch an sonstigen Freizeitaktivitäten.

Die Strände und Orte im Westen

Der Strand, an den wohl die meisten Deutschen beim Stichwort »Mallorca« zuerst denken, ist die Platja de Palma, die sich von S'Arenal bis Palma erstreckt und die in insgesamt 15 Abschnitte – Balneario 1 bis 15 – unterteilt ist. Besondere »Berühmtheit« erlangte dabei Balneario 6, der sogenannte »Ballermann«, der praktisch ausschließlich von deutschen Touristen frequentiert wird. Sowohl hier als auch an den ebenfalls überwachten und bewirtschafteten Strandabschnitten von Magaluf westlich der Hauptstadt gibt es zahlreiche Lokale, Freizeit- und Wassersportange-

Wanderung im Naturpark La Reserva (Tour 8).

Blick über die Bucht von Peguera (Tour 6).

bote, und natürlich kann man auch überall Liegen und Sonnenschirme mieten.

Wer es weniger belebt und hektisch haben möchte, der muss weiter nach Westen fahren, zum Beispiel nach Peguera (Tour 6), wo sich auch schon kleine, felsige Buchten finden lassen, oder an die Platja des Sant Elm im gleichnamigen Küstenort ganz im Westen der Insel. An der felsigen Nordwestküste von hier bis Port de Sóller hingegen gibt es nur sehr wenige Strände, und wenn, sind diese nur mittels längerem Fußmarsch wie etwa an der Landspitze Sa Foradada (Tour 13) zugänglich.

Bekannte Orte in diesem Gebiet, die sich zumindest für einen Zwischenstopp lohnen, sind das malerisch inmitten der Berge gelegene Valldemossa oder das einst als Künstlerdorf bekannte Deià mit seinen engen Gassen und seiner Lage hoch über der Küste sowie das durch seine Terrassen und Bewässerungsanlagen aus maurischer Zeit gekennzeichnete Banyalbufar.

Ausblick zur Landspitze Sa Foradada (Tour 12).

Tagesausflug

ab 5 Jahren

1

Palma – quirlige Inselmetropole

Bummeln und relaxen in Mallorcas Hauptstadt

Rundgang durch das historische Zentrum von Palma

Um Palma kommt man nicht herum – weder im übertragenen noch im wörtlichen Sinn. Die meisten Straßenverbindungen und Buslinien laufen hier zusammen, und natürlich ist ein Mallorca-Aufenthalt nicht komplett ohne eine Erkundung der sehenswerten historischen Altstadt mit der eindrucksvollen Kathedrale oder dem noch aus maurischer Zeit stammenden Königspalast La Almudaina. Ein besonderes Highlight ist auch die auf einem Hügel etwas außerhalb der Stadt gelegene kreisrunde Festung Castell de Bellver. Der Stadtbummel lässt sich auch gut mit einer der anderen Attraktionen in der Nähe (Tour 2 bis 5) verbinden.

Anfahrt: Palma ist von allen Teilen der Insel aus über gut ausgebaute Straßenverbindungen erreichbar. Wie man am besten ins Zentrum gelangt, hängt von der Richtung ab, aus der man kommt; es empfiehlt sich, auf der Suche nach einem Parkplatz einfach den Schildern und Anzeigen des Parkleitsystems zu folgen, und wie so oft gilt: Frühaufsteher haben die Nase vorn – während es gegen 9 Uhr vormittags noch in allen, auch zentrumsnahen Garagen noch freie Plätze gibt, sind diese ab den Mittagsstunden Mangelware.

Öffentlich ist die Hauptstadt von überall auf der Insel aus erreichbar; sämtliche Verkehrslinien (Bus, Bahn, Metro) laufen an der Estació Intermodal an der Plaça d'Espanya zusammen.

Besuchszeit: Ein Tag oder auch mehr.

Kosten: Die Parkplätze im Zentrum von Palma sind ausnahmslos gebührenpflichtig. Die Parkzeit in den zahlreichen Garagen wird minutengenau abgerechnet.

Einkehr: Im Stadtgebiet finden sich zahllose Cafés und Restaurants, natürlich sind auch die üblichen Fast-Food-Ketten vertreten. Eissalons, Kioske und Imbissbuden gibt es in großer Zahl.

Informationen: Generelle Stadtinformation: www.visitpalma.com/de; Hop-on/hop-off-Stadtrundfahrten: www.city-sightseeing.com/de/25/palma-de-mallorca

Am Platz zwischen Kathedrale und Königspalast.

Blick über die Stadt vom Castell de Bellver (siehe S. 30).

Wo man den Stadtrundgang von Palma beginnt, hängt natürlich in erster Linie davon ab, wo man parkt. Die meisten Touristen bevorzugen die direkt an der am Hafen entlangführenden Straße gelegene Garage Les Avingudes wegen ihrer unmittelbaren Nähe zur Kathedrale und der leichten Erreichbarkeit. Wir beschreiben den Weg ab der **Plaça d'Espanya**, wo es ebenfalls eine Tiefgarage gibt, weil hier auch der Ausgangspunkt für all diejenigen ist, die mit öffentlichen Verkehrsmitteln nach Palma kommen. Hier befindet sich an der Nordseite des Platzes der alte Bahnhof der Ferrocarril de Sóller (siehe Tour 14), südlich davon der ehemalige Bahnhof der übrigen Bahnlinien, der ebenso wie der Busbahnhof unter die Erde verlegt wurde. Im anstelle der einstigen Gleisan-

Castell de Bellver – kreisrunde Festung über Palma

Innenhof des Castells.

Der eindrucksvolle Bergfried.

Ein Ziel, das man sich in Palma auf keinen Fall entgehen lassen sollte, ist die eindrucksvolle Festung oberhalb der Stadt, das Castell de Bellver. Die im 14. Jahrhundert errichtete Festung, die auf einem 112 Meter hohen Hügel drei Kilometer westlich des Zentrums von Palma thront, gilt als einzigartig, denn im Gegensatz zu den meisten anderen Wehranlagen ist sie kreisrund angelegt. Der außerhalb stehende Torre de l'Homentage (Bergfried) ist nur durch eine kleine Brücke mit dem Hauptgebäude verbunden. Im Inneren kann man rund um den ebenfalls kreisförmigen Innenhof zahlreiche als Museum eingerichtete Räume besichtigen, und von der Dachterrasse aus überblickt man einen Großteil von Palma und den Hafen der Stadt.

Anfahrt: Von der Autobahnumfahrung Ma-20 fährt man bei Ausfahrt 9 ab Richtung Zentrum. Nach 1,3 Kilometern biegt man an einer Kreuzung mit kleiner Tankstelle rechts auf den Carrer de Son Armadans ab. Nach weiteren 500 Metern rechts den Carrer Castell de Bellver bergauf, bis man am Parkplatz am oberen Ende des Hügels ankommt. Kein öffentliches Verkehrsmittel, aber Station der Hop-on/hop-off-Busse.

Öffnungszeiten: Montag geschlossen. Sonntag von 10 bis 15 Uhr, Dienstag bis Samstag von 10 bis 19 Uhr geöffnet, von Oktober bis März nur bis 18 Uhr. Achtung, letzter Ticketverkauf 45 Minuten vor Schluss, letzter Einlass 30 Minuten vor Schluss.

Kosten: Eintritt für Erwachsene 4 €, Jugendliche von 14 bis 18 Jahre sowie Senioren 2 €, Kinder unter 14 Jahre frei, Parken gratis.

Info: Tel. +34 971 735065, https://castelldebellver.palma.cat

Die beeindruckende Kathedrale von Palma.

lagen errichteten großen Park gibt es auch einen schönen Spielplatz.
Um ins Stadtzentrum zu gelangen, queren wir die breite Straße Avinguda d'Alexandre Roselló und gehen an der Südecke der Plaça d'Espanya die Straße Carrer dels Caputxins entlang. Nach wenigen Minuten kommen wir auf die **Plaça de l'Olivar** mit einer großen Markthalle. Wir halten uns halb rechts, gehen in die Fußgängerzone hinein und folgen dem Carrer de Sant Miquel südwärts. Wir passieren die Basilika Sant Miquel, gehen weiter geradeaus und kommen durch einen Bogendurchgang auf den eindrucksvollen rechteckigen Platz **Plaça Major** mit schönen Arkadengängen, zahlreichen Cafés und einem großen Einkaufszentrum, das sich unterirdisch unter dem Platz befindet.
Wir verlassen die Plaça Major nicht auf der gegenüberliegenden Seite, sondern links haltend, also an der Südostseite, und gelangen auf die Straße Carrer del Sindicat, der wir nach rechts folgen. Laden reiht sich hier an Laden, Lokal an Lokal. Wir halten uns leicht links und gehen über die Plaça d'En Coll und durch die folgende Straße Carrer de la Vidrieria zur Kirche **Parròquia de Santa Eulàlia**. Man kann für 5 € auf das Dach der Kirche hinaufgehen und hat von dort einen schönen Rundblick, wenn auch nicht ganz so spektakulär wie vom Dach der Kathedrale aus.
Am Platz vor der Kirche geht man südwärts durch die enge Gasse Carrer d'En Morei und den Carrer de Miramar, bis man hinaus auf die **Stadtmauer** gelangt. Auf dieser kann man nun entlanggehen und den Blick aufs Meer und auf die Kathedrale zu unserer Rechten genießen; man kann auch über eine Treppe rechts hinunter und durch ein altes Tor hinaus in den **Parc de la Mar** am einstigen Meeresufer gehen (die nun vorgelagerte Straße wurde erst in den 1970er-Jahren gebaut).
Wir gehen unterhalb der Kathedrale vorbei und dann über Stufen direkt hinauf zu ihrem Hauptportal.
Selbst wenn man die Besichtigung von Kirchen normalerweise öde findet: Der Faszination der **Kathedrale** von Palma kann man sich nicht

Der rund 600 Jahre alte Olivenbaum auf der Plaça de Cort.

entziehen, alleine schon wegen ihrer gewaltigen Dimensionen. Über 100 Meter ist sie lang, die Türme sind 80 Meter hoch. Wirkt sie schon von außen gigantisch, so ist sie von innen noch eindrucksvoller. Man sollte aber früh am Vormittag hier sein, denn dann scheint die Sonne durch die großen bunten Glasfenster ins Innere. Geöffnet ist die Kathedrale ab 10 Uhr vormittags, von Juni bis September bis 18 Uhr, im April, Mai und Oktober bis 17 Uhr und von November bis März bis 15 Uhr. Der Eintritt kostet 7 Euro.

Ebenfalls einen Besuch wert ist der Königspalast **La Almudaina**. Er befindet sich genau gegenüber der Kathedrale und ist täglich außer Montag von 10 bis 20 Uhr, von Oktober bis März nur bis 18 Uhr geöffnet. Auch hier kostet der Eintritt 7 Euro, für Kinder und Senioren 4 Euro.

Auf der Straße zwischen Kirche und Palast, dem Carrer del Palau Reial, gehen wir nordwärts und gelangen zur **Plaça de Cort**, auf der ein rund 600 Jahre alter Olivenbaum steht. Von hier aus hält man sich durch die kleinen Gassen in nordöstlicher Richtung und folgt der Costa d'en Brossa bis zur Kirche Esglesia de Sant Nicolau. Hier rechts, über die weitläufige, von Bäumen bestandene **Plaça de Mercat** und die daran östlich angrenzende **Plaça de Weyler**. So gelangen wir zum südlichen Ende der zum Flanieren einladenden Prachtstraße **La Rambla**. In der Mitte gibt es eine breite Fußgängerzone, links und rechts der Allee Fahrstreifen für die Autos. Auch zahlreiche Lokale zum Einkehren finden sich hier.

Um die Runde zu schließen, folgt man der Rambla bis zur Kreuzung mit dem Carrer dels Oms. Auf diesem geht man nach rechts und gelangt so zurück zur **Plaça d'Espanya**. Natürlich hat man auf diesem Rundgang bei Weitem noch nicht alles von Palma gesehen. Man könnte in der Stadt tagelang herumstreifen oder verschiedenste Galerien und Museen besuchen.

Wie in vielen anderen Städten gibt es auch in Palma einen Anbieter für Sightseeing-Stadtrundfahrten nach dem »Hop-on/hop-off«-Prinzip für Leute, die nicht alles zu Fuß gehen wollen. Ein Ticket für 24 Stunden kostet für Erwachsene 18 Euro, für Kinder von 8 bis 16 Jahren sowie Senioren über 65 9 Euro, Kinder bis 7 Jahre fahren gratis. Die Haltestellen und Fahrpläne findet man auf der Internetseite des Anbieters (siehe Informationen S. 28); besonders empfiehlt sich dieser Bus, wenn man zum Beispiel auch das drei Kilometer außerhalb des Zentrums gelegene Castell de Bellver besuchen möchte (siehe S. 30). Außerdem werden Kombitickets mit Bootsrundfahrten am Hafen angeboten.

Coves de Génova – Highlight für Höhlenforscher

Die kleinste und am wenigsten überlaufene der fünf für Besucher geöffneten Tropfsteinhöhlen Mallorcas befindet sich direkt in einem Vorort von Palma, in Génova. Im Gegensatz zu anderen derartigen Attraktionen finden die Führungen hier in Kleingruppen statt; anders wäre das auch nicht möglich, denn die Gänge im Inneren der Höhle sind eng und schmal. Im Rahmen der etwa 45-minütigen Tour steigt man bis zu 36 Meter in die Tiefe und durchwandert stimmungsvoll beleuchtete Säle, Gänge und Galerien. Treffpunkt für die Führungen ist in dem gemütlichen kleinen Gasthaus »Ses Coves« direkt oberhalb des Höhleneingangs, wo man auch die Eintrittskarten erwirbt; der Parkplatz ist direkt gegenüber. Eine Besonderheit der Höhle, die im Jahr 1906 bei Grabungsarbeiten zufällig entdeckt wurde, sind die durch die Einlagerung verschiedener Mineralien unterschiedlich gefärbten Tropfsteine, z. B. die »Karotten« in Orange. Dank der guten Beleuchtung und der kleinen Räume kann man gut fotografieren, was ohne Blitz auch erlaubt ist.

Anfahrt: Man verlässt die Autobahn Ma-1 bei der Ausfahrt 6 und fährt dort Richtung Génova. Sobald man in den Ort kommt, nimmt man die erste Straße links steil bergauf (recht unauffällige kleine Wegweiser »Ses Coves«). Nach wenigen Metern befindet sich der Parkplatz auf der rechten Seite. Öffentlich mit der Stadtbuslinie L46 bis zur Haltestelle »Camí dels Reis 12«, von dort in fünf Minuten zu Fuß zur Höhle.

Öffnungszeiten: Täglich von 10 bis 18 Uhr geöffnet.

Kosten: Eintritt für Erwachsene 10 €, für Kinder 5 €, Parken gratis.

Info: Tel. +34 971 402387; www.cuevasdegenova.com

Stimmungsvolle Beleuchtung in den Coves de Génova.

Halbtagesausflüge

ab 3 Jahren

Faszinierende Welt des Wassers

Besuch im Marineland Mallorca und im Palma Aquarium

Hier dreht sich alles um die Ozeane

Dem Meer und seinen Bewohnern widmen sich gleich zwei Top-Attraktionen im Stadtgebiet von Palma, der Marineland-Park mit seinem weitläufigen Freigelände, der vor allem für seine Shows mit Delfinen, Seelöwen und Papageien bekannt ist, und das Palma Aquarium, bei dem sich der Großteil der Becken im Inneren eines Gebäudes befindet und das sich folglich als ideales Schlechtwetterprogramm (aufgrund der Klimatisierung aber auch als Programm an besonders heißen Tagen) eignet.

a) Marineland Mallorca

Anfahrt: Von der Ma-1 fährt man bei Ausfahrt 10 ab; der Park ist bereits ab hier (»Zoo Mari«) ausgeschildert. Beim ersten Kreisverkehr nicht rechts auf die Ma-1c, sondern noch geradeaus weiter und dann nach wenigen Metern rechts auf den Parkplatz einbiegen (Navi: Carrer Garcilaso de la Vega, 9, 07181 Costa d'en Blanes). Öffentlich erreichbar mit den Buslinien 104, 106 und 107 (Station »Marineland«), außerdem werden Gratis-Zubringerbusse ab Peguera, Santa Ponça, Magaluf, Palmanova sowie S'Arenal und Palma angeboten.
Besuchszeit: Halber bis ganzer Tag.
Öffnungszeiten: April bis Oktober 9.30 bis 17.30 Uhr, im Juli und August bis 18.00 Uhr.
Kosten: Eintritt für Erwachsene (über 1,40 m) 26 €, für Kinder von 1,10 m bis 1,40 m Größe sowie für Senioren 16 €, für Kleinkinder von 0,90 m bis 1,10 m 11 €. Beim Online-Kauf über die Website 3 € Ermäßigung auf den Erwachsenen- und Kinderpreis. Keine Parkgebühr, man muss sich aber an der Kasse ein Gratis-Parkticket für das Auto holen und dieses hinter der Windschutzscheibe platzieren. Fahrer eines Mietwagens erhalten freien Eintritt in den Park, wenn Sie den Mietvertrag vorlegen!
Einkehr: Ein Restaurant und eine Pizzeria im Park.
Bademöglichkeit: Es gibt auf dem Areal des Parks ein Kinderbecken zum Herumplantschen mit Wasserspielplatz und Rutschen sowie beim Restaurant einen Zugang zum Strand.
Hinweis: Da es sich um denselben Betreiber handelt wie bei den beiden Aquaparks (Tour 4), gibt es vergünstigte Kombiangebote.
Informationen: Tel. +34 971 675125, ww.marineland.es/mallorca/de

Gleich nach dem Betreten des Freigeländes kommt man an einem Flamingo-Teich vorbei, auch Papageien kann man hier beobachten. Hält man sich links, folgen Becken mit Seehunden, Humboldt-Pinguinen und Rochen. Links von Letzterem befindet sich das Vogelhaus, rechts davon kommt man zum Restaurant sowie zum Becken der Seelöwen.

Geht man vom Eingang aus in die andere Richtung, gelangt man zu einem Koi-Teich, zum Tropenhaus mit verschiedenen Reptilien sowie zu einem großen Wasserspielplatz mit Spielgeräten und Rutschen für kleinere Kinder. Danach wartet noch das Aquarienhaus mit Süßwasserfischen, tropischen Fischen und Fischen aus dem Mittelmeer.

Die Delfinshow ist der Höhepunkt im Marineland.

Höhepunkt des Besuchs sind aber sicherlich die beiden Shows mit Seelöwen und Delfinen, die zweimal am Tag um 12 Uhr und um 16 Uhr jeweils unmittelbar im Anschluss aneinander in einem großen, von einer mehrere Hundert Zuseher fassenden Tribüne umgebenen Becken in der Mitte des Parks stattfinden. Die beiden Seelöwen »tanzen« mit ihren Tiertrainern, klatschen mit den Flossen und werden zwischendurch immer wieder mit Fischen belohnt. Noch eindrucksvoller ist die Delfinshow, bei der die Tiere sich meterhoch aus dem Wasser katapultieren und zahlreiche Tricks zeigen.

Auch eine Show mit Papageien und Kakadus wird geboten (10.30, 13.00 und 16.45 Uhr.) Die intelligenten Vögel fahren mit winzigen Rollern und Fahrrädern und können sogar »zählen«. Bei allen Shows wird Wert darauf gelegt, zu zeigen, welche enge Beziehung zwischen den Tieren und ihren Trainern herrscht.

Hallo Kinder,

wenn ihr etwas ganz Besonderes erleben möchtet, könnt ihr euch für die »Begegnung mit Delfinen« anmelden (nur direkt am Gelände, keine vorherige Reservierung möglich). Bei diesem exklusiven Angebot erfahrt ihr in kleinen Gruppen von Biologen und Trainern alles über die Welt der Delfine und die Trainingsmethoden, und man kann die Tiere nicht nur aus nächster Nähe kennenlernen, sondern auch einfache Übungen mit ihnen durchführen. Allerdings erfolgen die Erklärungen nur auf Spanisch und Englisch. Die Veranstaltung dauert 35–45 Minuten, findet jeweils um 12, 14 und 16 Uhr statt und kostet pro Person 65 Euro inklusive einer Urkunde und einer Marineland-Tragtasche. Das Mindestalter beträgt 7 Jahre.

b) Palma Aquarium

Anfahrt: Von der Ma-19 fährt man bei Ausfahrt 10 ab und folgt nach links den Wegweisern Richtung Platja de Palma. Beim ersten Kreisverkehr rechts; das Gebäude des Aquariums ist bereits von Weitem sichtbar. Es gibt Parkplätze an der Oberfläche und eine gebührenpflichtige Parkgarage (Navi: Carrer de Manuela de los Herreros, 21, 07610 Palma). Öffentlich erreichbar mit den Stadtbuslinien 15, 23 und 25, Haltestelle »Ses Fontanelles«.
Besuchszeit: Ein halber Tag.
Öffnungszeiten: April bis Oktober von 9.30 bis 18.30 Uhr, Schnorcheln mit Rochen und Glasbodenboot von 11 bis 17.30 Uhr.
Kosten: Eintritt für Erwachsene 25,50 €, für Kinder 14 €, für Kleinkinder von 0,90 m bis 1,10 m 11 €. Beim Online-Kauf über die Website 3 € Ermäßigung auf den Erwachsenen- und Kinderpreis. Es gibt verschiedene Kombiangebote, wenn man die Karte für den »Aquadome« (ein spektakuläres 3D-Kino) gleich beim Eintritt kauft. Darüber hinaus werden mehrere Zusatzaktivitäten angeboten, die extra zu bezahlen sind.
Einkehr: Insgesamt drei Restaurants und ein Eisstand.
Bademöglichkeit: Wem nach dem Besuch danach ist, sich im Meer abzukühlen, der kann das Auto in der Garage stehen lassen und zu Fuß zur Platja de Palma gehen; der Strand ist nur 200 Meter entfernt.
Informationen: Tel. +34 902 702902, www.palmaaquarium.com

Das Palma Aquarium gehört schon seit Jahren zu den meistbesuchten Attraktionen der Hauptstadt und kann seit Kurzem mit einem zusätzlichen Highlight aufwarten: dem Aquadome, einem kuppelförmigen 3D-Kino, bei dem man den Eindruck hat, sich selbst unter Wasser mitten unter Walen zu befinden.

Nach dem Betreten des Gebäudekomplexes kommt man zuerst in einen Bereich, dessen schön gestaltete Aquarien den Bewohnern des Mittelmeeres gewidmet sind. Danach geht es weiter zu den tropischen Fischen. Bei allen Aquarien gibt es interaktive Touchscreens, auf denen man sich kurze Filme oder Informationen zu den jeweiligen Tieren anzeigen lassen kann.

Nachdem man diesen Bereich hinter sich gelassen hat, kommt man in ein als mediterraner Garten gestaltetes großes Freigelände, in dem sich ein Self-Service-Restaurant, eine Pizzeria sowie ein Eisstand befinden. Auch einen Kinderspielplatz gibt es hier. In die Gartenlandschaft eingebettet finden sich mehrere Becken mit Zierfischen und Schildkröten, aber auch ein Becken mit Stachelrochen. Hier kann man – gegen Zahlung

Blick ins riesige Becken »Gran Azul«, in dem auch Haie zu beobachten sind.

Hallo Kinder,

eine ganz besondere Attraktion ist der 2019 als Teil des Palma Aquariums eröffnete »Aquadome«. Es handelt sich dabei um ein 3D-Kino das, ähnlich wie ein Planetarium, in einer Kuppel mit 15 Metern Durchmesser untergebracht ist. Mit speziellen Brillen ausgestattet bekommt man hier das Gefühl, sich wirklich 20 Meter unter der Wasseroberfläche zu befinden – allerdings ohne dabei nass zu werden. Zwei Laserprojektoren sorgen dafür, dass die Bilder der vorbeischwimmenden, bis zu 18 Meter langen Buckelwale so lebensecht aussehen, dass man meint, sie berühren zu können. Was man nicht sieht, ist, dass hinter dem knapp 15-minütigen Dokumentarfilm rund drei Jahre Dreharbeiten in den Gewässern rund um Hawaii mit spezieller Tauchausrüstung und ein Jahr digitale Nachbearbeitung stecken. Für ein perfektes 3D-Erlebnis wäre es nämlich nötig gewesen, die Wale möglichst gleichzeitig aus allen Richtungen zu filmen, was aber nicht möglich war, sodass basierend auf den echten Aufnahmen im Computer ein lebensechter, bis in kleinste Details dem Original entsprechender »virtueller Wal« zusammengesetzt und entsprechend animiert werden musste. Dieses besondere Filmerlebnis gibt es bisher nur an zwei Orten auf der Welt zu sehen – auf Hawaii und hier im Aquadome von Palma.

von 10 Euro pro Person – mit einem Neoprenanzug und Schnorchelausrüstung zu den Tieren ins Wasser steigen, um sie aus nächster Nähe zu erleben. Ein weiteres zusätzlich zu bezahlendes Angebot ist das »Shark Vision Boat«, ein Glasbodenboot, in dem man von der Oberfläche aus ins riesige Haibecken hinunterschauen kann (an dem man aber später auch so noch vorbeikommt).

Durch den »Dschungel«, einen tropischen Garten mit Palmen, Orchideen und einem künstlichen 7 Meter hohen Wasserfall gelangt man wieder ins Innere des Gebäudes zu einer Ausstellung über Wale sowie zum »Aquadome«. Die nächste Hauptattraktion ist das »Gran Azul«, das riesige Haifischbecken, in das man auf zwei Ebenen durch riesige Panoramafenster hineinschauen kann und in dem sich insgesamt um die 1000 Fische, darunter 11 Haie, tummeln. Nicht entgehen lassen sollte man sich die Fütterung der Haie, die täglich um 13 Uhr stattfindet.

Schließlich gibt es auch noch ein faszinierendes Quallenbecken, an dem man vorbeikommt, bevor man den Aquarienteil des Gebäudes verlässt.

Bevor man den Ausgang erreicht, kommt man an einem Indoor-Spielplatz, dem sogenannten »Nautilus Park«, vorbei, der auch ein Animationsprogramm bietet (geöffnet von 11 bis 18 Uhr).

Der Weg durch das Aquarium ist zwar als Runde angelegt und es gibt zwischen den einzelnen Bereichen keine Abkürzungen, allerdings ist es jederzeit möglich, den ganzen Weg nochmal zurückzugehen, wenn man zum Beispiel ohne sich die ersten Teile näher anzusehen gleich zur Fütterung beim Haibecken geht und erst danach den Rest anschauen möchte.

3

Halbtagesausflüge

ab 4 Jahren

Klettern und Kraxeln wie im Dschungel

Kletterparks im Westen und Osten von Palma

Eine Herausforderung für Jung und Alt

Kletterparks findet man mittlerweile an so gut wie allen touristischen Destinationen, und natürlich gibt es auch auf Mallorca bereits zwei davon. Beide liegen in unmittelbarer Nähe der Inselhauptstadt Palma – einer im Westen in Santa Ponça, der andere im Osten an der Grenze zu S'Arenal, und beide sind leicht von der Autobahn aus erreichbar. Für jüngere Kinder bis 11 Jahre gibt es zusätzlich noch den speziellen Jungle Parc Junior in Bendinat.

a) Jungle Parc

Anfahrt: Der Park befindet sich mitten im Stadtgebiet von Santa Ponça. Man fährt auf der Autobahn Ma-1 bis zur Ausfahrt 17, dort Richtung Santa Ponça und immer geradeaus. Ab dem ersten Kreisverkehr ist bereits »Parque de Aventuras« ausgeschildert. (Navi: Avenida Jaime I, 40 A 07180 Santa Ponsa). Auch erreichbar mit der Buslinie 104 ab Palma (Haltestelle »Jungle Parc«).

Altersgruppe: Ab 4 Jahren und einer Mindestgröße von 1,05 m für die »Piratas«-Route. Mindestalter für die »Explorador«-Route 9 Jahre (Mindestgröße 1,35 m), unter 11 Jahren nur in Begleitung eines Erwachsenen. Für die »Extremo«-Route muss man mindestens 12 Jahre alt und 1,50 m groß sein.

Ausrüstung: Griffige Sportschuhe, keine Sandalen oder Flip-Flops, und bequeme Sportbekleidung.

Besuchszeit: Jeder Parcours dauert etwa 1.30 bis 2.00 Std., je nach Geschicklichkeit und Kondition.

Öffnungszeiten: Von Juni bis Oktober von Dienstag bis Sonntag, im April und Mai nur Freitag, Samstag und Sonntag von 10 bis 17 Uhr (letzter Einlass).

Kosten: Die Preise richten sich nach den begangenen Routen. Die »Piratas«-Route für Kinder von 4 bis 12 Jahren kostet 14 €, die Routen »Explorador« und »Extremo« kosten jeweils 19 €. Für diese wird auch ein Kombiticket für 25 € angeboten.

Einkehr: Eis und Getränke im Kletterpark, diverse Lokale in Santa Ponça.

Informationen: Tel. +34 630 948295, www.jungleparc.es/de

Der Jungle Parc in einem schattigen Waldstück in Santa Ponça wirbt damit, der größte Kletterpark auf Mallorca zu sein, und von der Anzahl der Routen und Hindernisse ist er das auch eindeutig. Außerdem hat man

Viele verschiedenartige Hindernisse müssen bewältigt werden.

sich hier viele ungewöhnliche und originelle Dinge einfallen lassen: So gilt es unter anderem, hoch in der Luft auf einem Surfbrett stehend, auf einem Fahrrad fahrend oder auf einem an zwei Seilen befestigten Skateboard von Plattform zu Plattform zu gelangen. Die Seilrutschen sind hier deutlich kürzer als bei der Konkurrenz in S'Arenal, dafür punkten sie wieder mit Originalität: Es gibt darunter welche, bei denen man auf einem Brett wie bei einer Schaukel oder auf einer Scheibe wie bei einem Tellerlift sitzt.

Insgesamt gibt es drei Parcours: »Piratas« für Kinder bis 12 Jahre (52 Hindernisse in 1–6 Meter Höhe), »Explorador« (41 Hindernisse in 3–10 Meter Höhe) und »Extremo« (37 Hindernisse in 3–10 Meter Höhe). Alle Parcours sind so aufgebaut, dass die Schwierigkeit nach und nach ansteigt.

Selbstverständlich erhält man vor dem Klettern eine gründliche Einweisung. Das Sicherungssystem ist »klassisch« mit zwei Karabinern, von denen man immer nur einen aushängen darf, und einer Rolle für die Seilrutschen. Der »Piratas«-Parcours ist im Gegensatz dazu mit einem System ausgerüstet, bei der ein versehentliches Aushängen während des Parcours ausgeschlossen ist.

Die Netzbrücke gehört noch zu den einfacheren Hindernissen.

Jungle Parc Junior – Kletterspaß nur für Kinder

Dieser Kletterpark speziell für kleinere Kinder – zwischen 4 und 11 Jahren – befindet sich in Bendinat und verfügt über insgesamt 50 Hindernisse, die in Höhen von 1–5 Metern aufgebaut sind. Die Mindestgröße der Kinder beträgt lediglich 1,05 Meter. Sämtliche Routen sind mit einem durchgehenden Sicherheitssystem ausgestattet, bei dem man sich nicht selbst von der Leine lösen kann und wo ein Absturz ausgeschlossen ist. Ein Erwachsener muss das Kind vom Boden aus beaufsichtigen.

Anfahrt: Von der Ma-1 fährt man bei Ausfahrt 9 Richtung Bendinat. Beim ersten Kreisverkehr ist bereits der »Parque de Aventuras« ausgeschildert; der Park befindet sich nach 150 Metern auf der linken Straßenseite. (Navi: Arquitecto Francesc Casas, 16 07181 Bendinat). Erreichbar mit der Buslinie 104 oder 107 ab Palma (Haltestelle »Bendinat Villas«).

Öffnungszeiten: Juli und August täglich außer Donnerstag, während des übrigen Jahres nur Samstag, Sonn- und Feiertag jeweils von 10 bis 17 Uhr (letzter Einlass) geöffnet.

Kosten: 14 € pro Kind.

b) Kletterpark »Tirolinas Go!«

Vor dem Klettern gibt es eine Einweisung im Übungsbereich.

Anfahrt: Auf der Ma-19 fährt man bis zur Ausfahrt 11 und dort Richtung Platja de Palma. Beim ersten Kreisverkehr im Ortsgebiet dann links Richtung S'Arenal. Nach 150 m befindet sich die Einfahrt zum Park auf der linken Straßenseite (Navi: Avinguda de Fra Joan Llabrés, 1, 07600 Palma). Öffentlich mit den Stadtbuslinien 23 oder 31 bis Haltestelle »La Porciúncula« zu erreichen.
Altersgruppe: Ab ca. 5–6 Jahren, eine Mindestgröße von 1,10 m ist Voraussetzung für den leichteren, 1,45 m für den schwereren Parcours. Bis zum Alter von 9 Jahren muss eine erwachsene Begleitperson am leichten Parcours dabei sein; am schwereren Parcours darf erst ab 13 Jahren alleine geklettert werden.
Besuchszeit: Für die Bewältigung der leichteren Route werden etwa 1.30–2 Std., für die der schwereren 2–3 Std. benötigt; hinzu kommt noch die Zeit für die Einweisung am Übungsparcours. Insgesamt sollte man einen halben Tag einplanen.
Ausrüstung: Griffige Sportschuhe, keine Sandalen oder Flip-Flops, und bequeme Sportbekleidung.
Öffnungszeiten: Ganzjährig täglich ab 10 Uhr geöffnet. Montag bis Freitag letzter Eintritt um 14 Uhr, Samstag und Sonntag um 18 Uhr.
Kosten: Erwachsene und Kinder über 1,45 m Größe bezahlen 23 €, Kinder zwischen 1,10 und 1,45 m 18 € pro Parcours.
Einkehr: Kleine Imbisse, Eis und Getränke direkt im Park, darüber hinaus bestehen zahlreiche Einkehrmöglichkeiten im umliegenden Ort. Es gibt auch Picknicktische und die Möglichkeit, sich selbst Essen und Getränke mitzubringen.
Informationen: Tel. +34 606 816249, www.tirolinasgo.com/mallorca/

Der Kletterpark »Tirolinas Go!« im Südosten von Palma gehört zu einer Kette, die mittlerweile fünf solche Anlagen in Spanien betreibt, und wirbt mit den längsten Seilrutschen von Mallorca. In der Tat misst die längste davon stolze 220 Meter, und es gibt mehrere weitere mit Längen um die 200 Meter, die quer über den ganzen Park verlaufen. Insgesamt verfügt der Park über 11 lange Seilrutschen.
Es gibt in diesem Park nur zwei Parcours, die beide mit einer durchge-

Die langen Seilrutschen sind die Hauptattraktion im »Tirolinas Go!«.

Der schwierigere Parcours führt bis in acht Meter Höhe.

henden Sicherheitsleine ausgestattet sind, sodass man sich nicht selbst aushängen kann. Wie das funktioniert, wird einem bei einer kurzen Einführung in einem Übungsbereich gezeigt.

Der »Familien-Parcours« (Familia) besteht aus vier Abschnitten mit insgesamt 28 Stationen, der »Sport-Parcours« (Deportivo) aus fünf Abschnitten mit insgesamt 47 Stationen. Jeder Abschnitt beinhaltet an seinem Ende eine lange Seilrutsche. Durch diese Unterteilung in mehrere Abschnitte, an deren Ende man wieder auf den Boden gelangt, muss man nicht den ganzen Parcours am Stück bewältigen. Man kann zwischendurch auch eine Pause machen, etwas trinken oder sich stärken.

Ein Highlight des »Sport-Parcours« ist die große »Liane«, bei der man sich frei durch die Luft schwingt, um am Ende sicher in einem senkrecht aufgespannten Netz wie bei einem »Ninja Walk« zu landen. Für alle, die unterwegs ein wenig der Mut verlässt, gibt es bei allen schwierigeren Stationen eine leichtere Umgehungsroute.

Tagesausflüge

ab 3 Jahren

4

Nasses Vergnügen

Die Wasserparks Western Water Park und Aqualand

Für alle, die Action und Abwechslung zum Meer suchen

Natürlich gibt es auch auf Mallorca bereits mehrere der vor allem bei Kindern beliebten Wasserparks; einer befindet sich in Alcúdia im Nordosten der Insel (Tour 25), die anderen zwei in unmittelbarer Nähe der Inselhauptstadt Palma. Diese beiden Parks gehören derselben Betreibergesellschaft, und so gibt es, was die Preise angeht, keine wirkliche Konkurrenz zwischen ihnen. Auch das Angebot ist vergleichbar, wobei die Parks leicht unterschiedliche Attraktionen bieten. Alles in allem sind die Wasserparks kein billiges Vergnügen, da selbst, wenn man Verpflegung selber mitbringt und auf Sonnenliegen verzichtet, mit Parkgebühr, Eintrittsgeldern, Fast Pass (siehe »Hallo Kinder«) und Schließfach für eine vierköpfige Familie schnell um die 150 Euro zusammenkommen.

a) Western Water Park in Magaluf

Anfahrt: Auf der Autobahn Ma-1 bis zur Ausfahrt 14, von dort der Beschilderung zum Wasserpark folgen (Navi: Carretera Cala Figuera a Sa Porrasa, 2-22, 07182 Magaluf). Öffentlich mit den Buslinien 104 und 105 ab Palma (Haltestelle »Western Park«) erreichbar.
Öffnungszeiten: Mai, Juni und September von 10 bis 17 Uhr, Juli und August 10 bis 18 Uhr.
Kosten: Eintritt für Erwachsene 30 €, für Kinder von 5–10 Jahren und Senioren 21 €, für Kleinkinder von 3–4 Jahren 12 €. Beim Online-Kauf über die Website 3 € Ermäßigung auf den Erwachsenen- und Kinderpreis, keine Online-Ermäßigung für Kleinkinder und Senioren. Für den Parkplatz ist zusätzlich eine Tagespauschale von 5 € zu bezahlen, ebenso für ein Schließfach. Liegen kosten ebenfalls 4 € extra.
Einkehr: Im Park gibt es die üblichen Verköstigungsmöglichkeiten in Form von einem Eisstand, einer Pizzeria und einem Schnellimbiss. Es gibt aber auch Picknickbereiche, eigene Verpflegung darf mitgebracht werden. Glasflaschen sind im gesamten Park verboten.
Informationen: Tel. +34 971 131203, www.westernpark.com/de/

Wenn der Western Water Park auch etwas kleiner ist, so ist er dafür schöner gestaltet als sein Gegenstück in S'Arenal. Man kann hier schon von einem Themenpark sprechen, denn alles ist im Stil des Wilden Westens gestaltet, und auch die Namen der Attraktionen sind passend gewählt. Insgesamt verfügt der Western Water Park über etwas weniger Wasserrutschen, dafür kann er gleich mit zwei Superlativen punkten: Bei »La Bestia« handelt es sich um Mallor-

Durch den »Gran Cañon« rutscht man auf riesigen Reifen.

Die 30 Meter hohe »La Bestia« ist nur für die Mutigen.

cas höchste Wasserrutsche – eine Kamikaze-Rutsche mit 30 Metern fast senkrechtem Gefälle. Und der »Gran Cañon«, in dem man auf Reifen einen Strömungskanal hinunterrutscht, ist mit 260 Metern Länge Mallorcas längste Wasserrutsche.

Für die ganz besonders Wagemutigen, denen es nicht wild genug zugehen kann, gibt es noch den »Boomerang«, eine 15 Meter hohe Halfpipe, die beiden Rutschen »Cola del Diablo«, sowie die beiden Reifenrutschen »Tornado« und »Huracán«. Bei den »Crazy Horses« handelt es sich um eine 40 Meter lange Rutsche mit sechs parallelen Bahnen, auf denen man, auf einem Schaumstoffschlitten liegend, um die Wette rutscht.

Der Park ist in drei Themenbereiche unterteilt – »El Paso«, »Westernland« und »Indian Town«, von denen jeder auch einen eigenen Spielbereich für die Kleineren bietet, der exklusiv Kindern bis 1,20 m bzw. 1,40 m Größe vorbehalten ist. Ein Wellenbecken und ein Strömungskanal, auf dem man sich mit aufblasbaren Reifen treiben lassen kann, sowie mehrere Imbissstände und ein Souvenirshop ergänzen das Angebot.

Hallo Kinder,

in beiden Wasserparks gibt es bei den meisten (nicht allen) größeren Rutschen eine eigene Anstehschlange für Besitzer eines Armbandes, das einem bevorzugten Zugang ermöglicht – den sogenannten »Fast Pass«. Für die kleineren Rutschen in den Kinderbereichen braucht ihr ihn nicht, ebenso, wenn nur sehr wenig Andrang in den Parks herrscht, was aber praktisch nur im Mai oder Oktober der Fall ist. In der Hauptsaison, wenn der Park so richtig voll ist, wird der Besuch ohne Fast Pass zu einem frustrierenden Erlebnis, denn üblicherweise lässt man zwei bis drei Fast-Pass-Besitzer rutschen, bevor jemand ohne diesen an die Reihe kommt. Den Fast Pass kann man im Internet bereits vor dem Besuch um 8 Euro pro Person dazukaufen. In den Parks selbst ist nur eine begrenzte Zahl an Pässen verfügbar, und der Preis kann auch je nach Andrang und Saison variieren und damit deutlich höher liegen.

b) Aqualand in S'Arenal

Anfahrt: Auf der Autobahn Ma-19 fährt man bis zur Ausfahrt Nr. 13, von dort ist die Zufahrt zum Wasserpark bereits beschildert und kann kaum verfehlt werden (Navi: N39.496198, E2.759352). Öffentlich mit der Buslinie 23 ab Palma erreichbar.
Öffnungszeiten: Mai, Juni und September von 10 bis 17 Uhr, Juli und August 10 bis 18 Uhr.
Kosten: Eintritt für Erwachsene 30 €, für Kinder von 5–10 Jahren und Senioren 21 €, für Kleinkinder von 3–4 Jahren 12 €. Beim Online-Kauf über die Website 3 € Ermäßigung auf den Erwachsenen- und Kinderpreis, keine Online-Ermäßigung für Kleinkinder. Für den Parkplatz ist zusätzlich eine Tagespauschale von 5 € zu bezahlen. Schließfächer und Sonnenliegen sind mit 4 € jeweils extra zu bezahlen.
Einkehr: Im Park gibt es mehrere Imbisslokale. Eigene Verpflegung darf mitgebracht und im Picknickbereich verzehrt werden. Glasflaschen sind im gesamten Park verboten.
Informationen: Tel. +34 971 440000, www.aqualand.es/elarenal/de/

Das Aqualand in Arenal ist flächenmäßig zwar größer als der Western Water Park, von der Anzahl der Attraktionen her aber vergleichbar. Insgesamt wirkt der Park weniger gepflegt und schon ziemlich in die Jahre gekommen, und auch die Sauberkeit könnte noch verbessert werden. Dafür gibt es hier viel natürlichen Schatten und auch einige wirklich spektakuläre Rutschen, wegen denen sich der Besuch auf jeden Fall lohnt.

Besondere Höhepunkte sind der Grand Canyon, eine Rutsche, auf der man in großen »Booten« für bis zu vier Personen rutscht, »King Cobra« (eine Mischung aus konventioneller Rutsche und Halfpipe am Ende), der »Tsunami« (eine Halfpipe) und der

Beim »Crazy Race« kann man um die Wette rutschen.

Die »Anacondas« sind drei der längsten Rutschen des Parks.

»Tornado«, bei dem man in einen Trichter hineinrutscht. Es gibt eine Vielzahl »gewöhnlicher« Wasserrutschen, teils mit, teils ohne Reifen, den »Banzai« (eine Art Kamikaze, den man auf einem Schaumstoffschlitten hinabrutscht), und eine dunkle Röhrenrutsche, die »Cola del Diablo«. Darüber hinaus ist das Angebot mit dem Western Water Park vergleichbar, auch hier gibt es den obligatorischen Strömungskanal zum Dahintreibenlassen, ein Wellenbecken und drei verschiedene Kinderbereiche mit einer Vielzahl kleiner Rutschen, die jeweils für Kinder bis 1,20 bzw. 1,40 m Größe reserviert sind. Eisgeschäft und Schnellimbiss gibt es auch hier, wobei das Preis-Leistungs-Verhältnis wie für solche Parks üblich relativ schlecht ist. Allerdings darf man sich auch hier selbst etwas zu essen und trinken mitbringen und auf den Wiesen im Schatten der zahlreichen Bäume konsumieren.

Auch durch die »Rapids« rutscht man auf großen Reifen.

Halbtagesausflug

ab 5 Jahren

5

Alles steht kopf

Ein Nachmittag im Freizeitpark Katmandu Park

Spaß und Action für die ganze Familie

Trotz der Millionen von Touristen, die nach Mallorca kommen, gibt es auf der Insel keinen »richtig großen« Vergnügungspark vergleichbar mit denen in Deutschland oder etwa Italien. Im Katmandu-Park in Magaluf wirkt alles ein wenig bescheidener und familiärer, und es gibt auch keine Achterbahnen. Doch auch mit mehreren 4D-Kinos, zwei Minigolfplätzen und einem kleinen Wasserpark für Kinder ist für etwas Unterhaltung für einen Nachmittag gesorgt.

Anfahrt: Aus Richtung Palma kommend auf der Autobahn Ma-1 bis zur Ausfahrt 13, dort Richtung Palmanova. Beim dritten Kreisverkehr auf der Ma-1C rechts, nach 800 m rechts der Beschilderung zum Katmandu Park folgen (Navi: Avenida Pedro Vaquer Ramis, 9, 07181 Magaluf). Öffentlich mit den Buslinien 104, 105 oder 107 ab Palma (Haltestelle »Avenida Pedro Vaquer Ramis«).
Altersgruppe: Ab 5 Jahren; einzelne Attraktionen sind aber erst ab 9 bzw. 12 Jahren nutzbar.
Öffnungszeiten: Von Mitte Juni bis Mitte September von 10 bis 22 Uhr geöffnet, der Wasserpark schließt um 18 Uhr. Letzter Einlass jeweils eine Stunde vor Schluss. Außerhalb der Hauptsaison gelten unterschiedliche Zeiten für die Öffnung der verschiedenen Attraktionen, siehe www.katmandupark.com/park-hours/
Kosten: Preise jeweils für Erwachsene/Kinder von 3–12 Jahre und Senioren über 65: Einfacher Eintritt (jede Attraktion einmal): 27,50 € / 20 €, Tagespass für 24 Stunden (Attraktionen beliebig oft nutzbar): 32,50 € / 25 €, VIP-Pass All (alle Attraktionen beliebig oft, freie Getränke und ein Combo-Menü): 40,25 € / 32,75 €.
Einkehr: Auf dem Gelände des Parks gibt es ein Restaurant, da man aber beliebig ein- und ausgehen kann, kann man sich auch in einem anderen Lokal in Magaluf verköstigen oder sich Imbisse vom Supermarkt gegenüber holen.
Informationen: Tel. +34 971 134660, www.katmandupark.com

Der Katmandu-Park in Magaluf bietet Abwechslung und unterhaltsamen Zeitvertreib für einen Nachmittag – nicht mehr und nicht weniger. Ursprünglich nur als Attraktion für die Gäste des angeschlossenen Sol Katmandu Hotels konzipiert, hat er sich im Lauf der Jahre zu einer der Hauptattraktionen in diesem Teil Mallorcas entwickelt. Weithin sichtbares – und einzigartiges – Wahrzei-

Der »Katlantis«-Spielbereich bietet einen Wasser- und Indoorspielplatz.

Das kopfstehende Katmandu-Haus ist die Hauptattraktion.

chen des Parks ist das umgedrehte Haus, in dessen Innerem sich nicht nur der Kartenverkaufsschalter verbirgt, sondern durch das man auch als eine der Attraktionen gehen kann. Es handelt sich um ein klassisches »Funhouse« mit optischen Täuschungen, einem Spiegellabyrinth und Ähnlichem. Geeignet ist es ohne Altersbeschränkung für die ganze Familie. Hier gibt es auch einen Souvenirladen.

Für die kleineren Kinder gedacht ist ein geräumiger Wasserspielplatz, der »Katlantis Splash Park«. Will man sich nicht nass machen, gibt es außerdem das »Katlantis Soft Play«, einen großen Indoor-Spielplatz mit Klettergerüsten, Trampolinen, Ballkanonen und Rutschen. Dieser Spielplatz ist Kindern bis 13 Jahren vorbehalten; für 2- bis 5-Jährige gibt es einen separaten Bereich. Das »Katlantis Soft Play« darf nur mit Socken benutzt werden, also sollte man welche mitbringen, wenn man sie nicht extra vor Ort kaufen möchte.

Ebenfalls ein Spaß für die ganze Familie ist der Minigolfplatz, der aus zwei verschiedenen Parcours mit je 18 Löchern besteht, man kann aber auch gegen Aufzahlung beide – insgesamt 36 Bahnen – spielen. Der Minigolfplatz ist sehr schön gestaltet, wobei man zwischen den Themen »Feuer« und »Eis« wählen kann.

Die eigentlichen Hauptattraktionen des Parks sind die verschiedenen 4D-Kinos wie die »4D Experience« und das »House of Magic«, die für die ganze Familie geeignet sind. Gruseliger geht es bei »Carnival XD« (ab 9 Jahren) und »The Asylum« (ab 12 Jahren) zu. Bei zwei weiteren Attraktionen schießt man mit Laser-Pistolen auf Banditen (»Desperados«, ohne Altersbeschränkung) oder Zombies (»Zombies XD Dark Ride«, ab 12 Jahren). Die neueste Attraktion des Parks ist die »Steambot Laser Challenge«, bei der man sich mit viel Geschicklichkeit durch ein Labyrinth bewegen muss, ohne dabei einen der »Laserstrahlen« zu berühren.

1.15 Std. | 2,8 km | ↗160 m | ↘160 m | ab 6 Jahren

6 Vom Piratenausguck zur Traumbucht

Talaia del Cap Andritxol und Caló d'en Monjo

Kurzwanderung am Cap Andritxol bei Peguera

An der dicht verbauten Südwestküste der Insel zwischen Palma und Andratx sind schöne Wandermöglichkeiten rar. Bei Peguera liegt jedoch noch eine unverbaute, felsige Halbinsel, auf der es nicht nur mehrere Spazier- und Wanderwege, sondern auch die Überreste eines alten Wachturmes zu entdecken gibt, von dem aus man in vergangenen Zeiten Ausschau nach Piraten gehalten hat. Am Ende der Tour lockt die traumhafte und selbst an Wochenenden nur mäßig besuchte Bade- und Schnorchelbucht Caló d'en Monjo.

Ausgangspunkt: Parkplatz an der Cala Fornells in Peguera, 23 m (Navi: Carretera de Cala Fornells, 07160 Cala Fornells; N39.531065, E2.436228).

Anfahrt: Aus Richtung Palma kommend auf der Ma-1 zunächst an Peguera vorbei und bei der ersten Kreuzung nach dem Ende der Schnellstraße links auf die Ma-1A Richtung Peguera, aus Richtung Andratx kommend vor dem Beginn der Schnellstraße bei km 26,2 rechts Richtung Peguera fahren. Auf der Ma-1A bleiben und beim ersten Kreisverkehr im Ortsgebiet von Peguera rechts dem Wegweiser zur Cala Fornells folgen. Die Straße scheint beim Hotel Cala Fornells zu enden, doch man biegt rechts ab und fährt wieder ein Stück landeinwärts. Am Ende der schmalen Straße liegt der Parkplatz mitten im Wald.

Die Busstation »Calle Savina« der Linie 102 liegt nahe dem in der Anfahrtsbeschreibung erwähnten Kreisverkehr; von dort ca. 1,2 km zusätzlich zum Ausgangspunkt.

Anforderungen: Mittelschwere Wanderung auf großteils gut befestigten, teilweise mit Stufen ausgebauten Wegen. Ein sehr steiles Wegstück mit losem Schotter und Geröll kann umgangen werden.

Ausrüstung: Leichte Wanderschuhe, Proviant und ausreichend Trinkwasser, Sonnen- und Regenschutz.

Einkehr: Unterwegs keine; zahlreiche Lokale in Cala Fornells bzw. in Peguera.

Bademöglichkeit: Am Ende der Tour kommt man direkt zur Badebucht Caló d'en Monjo. Diese eignet sich auch wunderbar zum Schnorcheln. Wer die Schwimmsachen nicht die ganze Zeit mitschleppen möchte, kann diese auch vorerst im Auto lassen; wenn man auf dem kürzesten Weg geht, sind es vom Parkplatz zur Bucht nur etwa 10–15 Min.

Variante: Wer sich den beschwerlichen Abstieg vom Wachturm ersparen möchte, geht am Hinweg zurück bis zur Abzweigung ❷ und wendet sich dort auf dem breiten Schotterweg rechts, um ebenfalls in die Caló d'en Monjo zu gelangen. Etwa 10 Min. zusätzlich.

Blick auf die Bucht von Camp de Mar.

Am oberen Ende des Parkplatzes **Cala Fornells** ❶, der in einem Wald aus Aleppokiefern liegt, gehen wir links von einer Infotafel einen breiten, mit einer Schranke gesperrten Schotterweg bergauf. Nach etwa 300 Metern verläuft dieser nach links (direkter Weg zur Caló d'en Monjo; siehe Variante), während wir geradeaus gehen ❷. Recht unauffällige Aufschriften auf zwei Holzpflöcken weisen Richtung »Torre / Turm«. Es geht nun ein Stück auf einem recht steilen, aber breiten und ausgetretenen Weg bergauf, bis man auf einem Bergrücken zu einem Zaundurchlass kommt. Hier wendet man sich nach links (egal, ob diesseits oder jenseits des Zaunes, die Wege münden ineinander) und steigt auf einem breiten, zum Teil in Serpentinen angelegten Pfad weiter an. Immer wieder bieten sich schöne Ausblicke auf die Bucht von Camp de Mar im Westen oder von Peguera im Osten.

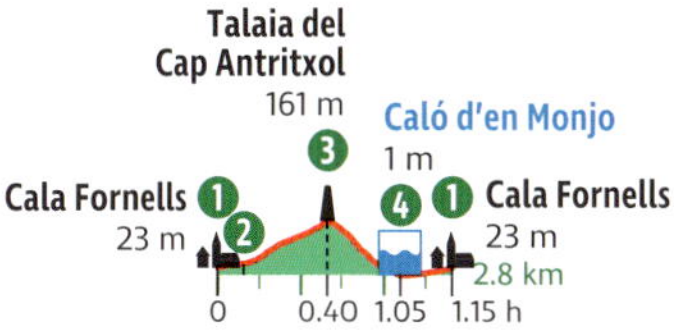

Die Talaia del Cap Andritxol ist noch sehr gut erhalten.

Die traumhafte Schnorchelbucht Calo d'en Monjo.

Nach einer knappen Dreiviertelstunde Gehzeit ab dem Ausgangspunkt ist das Ziel, der über 400 Jahre alte Wachturm, die **Talaia del Cap Antritxol** ❸ erreicht. Der Turm diente einst als Ausguck nach Piraten, kann heute aber leider nicht mehr bestiegen werden. Von hier bietet sich ein fantastischer Rundblick.

Der weitere, spärlich markierte und über schroffes Gestein führende Weg hinaus auf die Landspitze lohnt sich nur bedingt. Wir gehen deshalb vom Turm etwa 60 Meter zurück bergab, bis rechter Hand ein Durchlass durch den Zaun hindurchführt. Auf dem wieder leicht ansteigenden Weg geht man an der Ostseite des Berges entlang, bis direkt hinter einer großen Kiefer rechts ein umgestürzter Wegweiser liegt. An dieser Stelle wendet man sich links bergab und nimmt einen sehr steilen Pfad, der im Zickzack, mit Steinmännchen markiert, über einen Hang bergab führt. Hier muss man sehr genau darauf achten, nicht vom Weg abzukommen. Im Zweifelsfall wählt man lieber die Umgehung (siehe Variante).

Nach etwa einer Viertelstunde wird der Weg wieder flacher, führt durch den Wald und trifft auf einen breiten Schotterweg, dem wir nach rechts bergab in die Badebucht **Caló d'en Monjo** ❹ folgen.

Für den Rückweg zum Parkplatz nehmen wir einen der Wege, die am östlichen Ende der Bucht durch ein Nadelwäldchen leicht ansteigen. Nach etwa 200 Metern wählen wir den linken Weg, und folgen ihm, drei andere Wege kreuzend, um nach wenigen Minuten wieder den Parkplatz **Cala Fornells** ❶ zu erreichen. Wer hier an einer Abzweigung falsch abbiegt, landet schlimmstenfalls auf einer ausgefahrenen Schotterstraße, der man nur nach links folgen muss, um wieder zurück zum Ausgangspunkt zu finden.

ab 6 Jahren | 1.45 Std. | 4,3 km | ↗130 m | ↘130 m

Spaziergang zur verborgenen Quelle

Die Finca Galatzó bei Es Capdellà

Auf Entdeckungstour in der Finca des »bösen Grafen«

Ein beliebtes Ausflugsziel der einheimischen Bevölkerung, vor allem am Wochenende, ist die im Besitz der Gemeinde Calvià stehende Finca Galatzó in der Nähe von Es Capdellà. Es gibt dort Wanderwege unterschiedlicher Länge, Picknickplätze, ein eindrucksvolles altes Herrenhaus und als besondere Sehenswürdigkeit eine tief im Inneren eines langen Stollens verborgene Quelle, die man, mit einer Taschenlampe bewaffnet, erforschen kann.

Ausgangspunkt: Parkplatz Ca l'Amo en Biel für Besucher der öffentlichen Finca Galatzó bei Es Capdellà. (Navi: Carretera de Es Capdellà a Galilea, km 2.2, 07196 Calvià; N39.600208, E2.475692).

Anfahrt: Von Palma auf der Straße Ma-1 bis Ausfahrt 22, dort auf der Ma-1012 nordwärts Richtung Es Capdellà. Dort rechts Richtung Calvià, Palma halten und nach 150 m links auf die Ma-1032 Richtung Puigpunyent abbiegen. Nach 2,2 km geht es links vor einer Brücke ausgeschildert zur Finca Publicá Galatzó. Nach 600 m kommt man zu einem großen Tor, von dem man sich nicht abschrecken lässt; man öffnet es, fährt hinduch und schließt es hinter sich wieder. Der offizielle Parkplatz für Besucher befindet sich noch 400 Meter weiter.
Kein öffentliches Verkehrsmittel.

Anforderungen: Einfache Wanderung auf breiten Schotterstraßen und -wegen. Es gibt nur sehr wenig Schatten, sodass man die Tour nicht in der größten Mittagshitze unternehmen sollte.

Ausrüstung: Leichte Wanderschuhe, Proviant und ausreichend Trinkwasser, Sonnen- und Regenschutz. Für das Erforschen des Stollens ist eine gute Taschenlampe (am besten eignen sich Stirnlampen) erforderlich.

Öffnungszeiten: Die Wanderung selbst ist jederzeit möglich, die Finca Galatzó kann täglich von 9 bis 19 Uhr, im Winter von 9 bis 17 Uhr besichtigt werden.

Einkehr: Unterwegs und am Ausgangspunkt keine. Die nächsten Einkehrmöglichkeiten befinden sich im Ort Es Capdellà. Im Innenhof der Finca gibt es einen Getränkeautomaten.

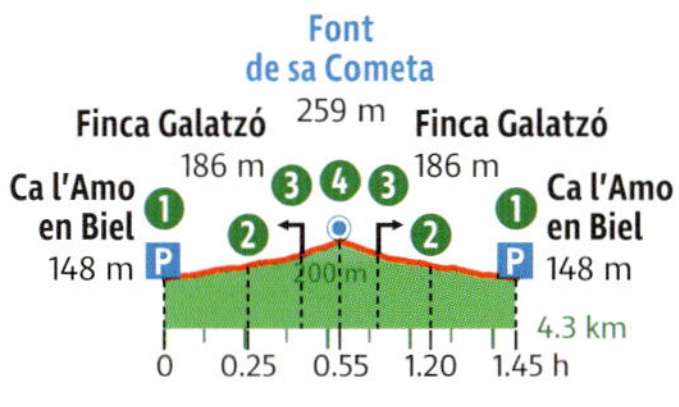

Der Stollen zur Quelle lädt zum Erforschen ein.

Die Wege am Gelände der Finca sind alle gut beschildert.

Wir beginnen unsere Wanderung auf dem **Parkplatz ①** für Besucher der Finca Galatzó etwa 400 Meter hinter dem Einfahrtstor der Finca (siehe Anfahrt). Von hier gehen wir auf der für Autos gesperrten Schotterstraße weiter, mit fast unmerklicher Steigung das Tal hinauf. Nach wenigen Minuten mündet von links eine andere Straße ein, auf der man in den Ort Es Capdellà wandern könnte. Wir bleiben auf dem Hauptweg, kommen nach kurzer Zeit an einem großen Wasserspeicher vorbei zum eindrucksvollen Gebäude der **Finca Galatzó ②** mit mehreren Picknicktischen.

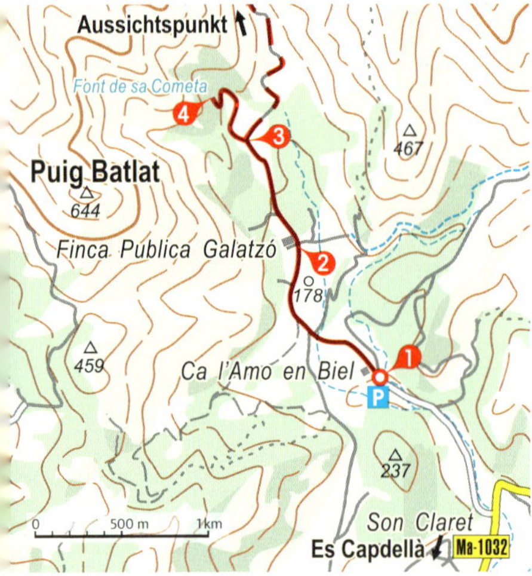

Die Finca, die Ende des 13. Jahrhunderts erstmals urkundlich erwähnt wurde, befand sich im 17. Jahrhundert im Besitz des Grafen Ramón Burguès-Safortesa, der brutal und grausam gewesen sein und seine Untertanen unterdrückt haben soll, was ihm den Spitznamen »Comte Mal« (»Der böse Graf«) eingebracht hat. Dass es nach seinem Tod bis heute in der Finca spuken soll, sollte einen nicht davon abhalten, durch das große Tor in den Innenhof hineinzugehen, denn hier kann man nicht nur die ehemalige Kapelle, sondern auch eine sehenswerte, schön restaurierte Ölmühle sehen. Außerdem gibt es an einer Wand einen herzförmigen Steinbrocken, bei dem es sich an-

Hallo Kinder,

habt ihr bemerkt, dass die Sonnenuhr an der Außenwand der Finca Galatzó um zwei Stunden (wenn ihr im Sommer hier seid) bzw. um eine Stunde (im Winter) »falsch« geht? Der Grund ist leicht erklärt: Als sie errichtet wurde, galt in Spanien noch die Westeuropäische Zeit wie in Großbritannien. Erst Diktator Franco ließ 1942 die Mitteleuropäische Zeit einführen, was zu einer Zeitdifferenz von einer Stunde geführt hat. Die Sommerzeit tut das Übrige, sodass die Sonne auf Mallorca nicht gegen 12 Uhr, sondern gegen 14 Uhr am höchsten steht. Diese Zeitverschiebung, die in weiter westlich gelegenen Teilen Spaniens noch viel gravierender ausfällt, sorgt immer wieder für Diskussionen und zu der Forderung, zur »richtigen« Westeuropäischen Zeit zurückzukehren. Aber so wie bei der Abschaffung der Sommerzeit gibt es immer Befürworter und Gegner; Letztere argumentieren, dass die Spanier dann ihren gesamten gewohnten Lebensablauf ändern müssten, und so ist es fraglich, ob die Sonnenuhr an der Finca Galatzó jemals wieder die richtige Zeit anzeigen wird.

geblich um das versteinerte Herz des »bösen Grafen« handeln soll – und wer es berührt und daran glaubt, kann der Legende nach noch seinen Herzschlag spüren. Versuchen kann man es ja.

Weiter geht es auf einem ausgeschilderten Weg, der unter der großen Veranda der Finca hindurchführt. Ganz kurz geht es dann leicht bergab, dann wieder mit fast unmerklicher Steigung bergauf. Man erreicht nach etwa einer Viertelstunde eine **Abzweigung ❸**, bei der der Hauptweg sich leicht nach rechts biegt (hier könnte man noch etwa eine halbe Stunde zu einem Aussichtspunkt weiterwandern), während wir links nun etwas steiler bergauf gehen und nach einer weiteren Viertelstunde unser Ziel, die **Font de sa Cometa ❹** erreichen. Die Quelle liegt in einem 34 Meter langen, zweifach gewinkelten Stollen im Inneren des Berges. Auch wenn sie im Sommer meist kein Wasser führt, ist es ein Abenteuer, den langen Tunnel mit einer Taschen- oder Stirnlampe zu erforschen. Eine Infotafel klärt über die Geschichte der Quelle auf, und es gibt auch Rastbänke im Schatten, die sich für eine Pause anbieten.

Zurück geht man auf demselben Weg, vorbei an der Finca, bei der man nochmal eine Rast einlegen kann, zum **Parkplatz ❶**.

Die alte Sonnenuhr ziert die Fassade der Finca Galatzó.

1.15 Std. | 2,4 km | ↗ 120 m | ↘ 120 m | ab 5 Jahren

8

Sprudelnde Wasser

Im Naturpark La Reserva bei Puigpunyent

Natur und Abenteuer erleben in der südlichen Tramuntana

Inmitten der im Sommer recht trockenen Berge der Sierra de Tramuntana liegt in der Nähe von Puigpunyent am Fuß des Galatzó eine wahre Oase mit murmelnden Bächen und schäumenden Wasserfällen. Ein wenig »künstlich« wirkt das Ganze bei näherem Hinsehen schon, und man darf sich nicht daran stören, dass das spärliche Wasser durch Rohre wieder hochgepumpt wird. Mehrere Tiergehege, eine dschungelartige Landschaft und die in den natürlichen Fels hineingebauten Badebecken sind auf jeden Fall den Besuch wert.

Ausgangspunkt: Parkplatz des Naturparks La Reserva (Navi: N39.614952, E2.495592).
Anfahrt: Von Palma auf der Straße Ma-1041 nach Puigpunyent. Im Ortszentrum ist bereits die Zufahrt zum Naturpark ausgeschildert; man folgt noch kurz der Ma-1032 Richtung Es Capdella und biegt dann am Ortsrand halb rechts ab. Über eine rund 4 km lange, kurvenreiche Asphaltstraße mit vielen Schlaglöchern gelangt man immer der Beschilderung folgend zum Parkplatz des Naturparks.
Kein öffentliches Verkehrsmittel.
Anforderungen: Einfache Wanderung auf großteils gut befestigten, teilweise mit Stufen ausgebauten Wegen.
Ausrüstung: Leichte Wanderschuhe, Proviant und ausreichend Trinkwasser, Sonnen- und Regenschutz. Unbedingt Badesachen mitnehmen!
Altersgruppe: Ab 5 Jahren. Die Seilrutschen im Abenteuerpark dürfen nur von Kindern mit einem Mindestgewicht von 30 kg benutzt werden.
Gehzeit: 1.15 Std., effektive Besuchszeit ½ bis 1 ganzer Tag.
Öffnungszeiten: Täglich von 10 bis 18 Uhr; Kassenschluss und letzter Einlass um 16 Uhr.
Kosten: Eintritt für Personen über 12 Jahre 18 €, für Kinder von 4–12 Jahren 9 €. Abenteueraktivitäten (Seilrutschen, Hängebrücken und Felsklettern kosten jeweils 14 € pro Person bzw. 28 € für alle drei zusammen.)
Einkehr: Imbiss mit Getränken und Snacks beim Abenteuerpark.
Bademöglichkeit: Am Wendepunkt der Tour gibt es Badebecken aus Naturstein, in denen man sich abkühlen kann. Umkleidekabinen sind vorhanden.
Informationen: Tel. +34 971 616622, www.lareservamallorca.com

Am Abstieg zur Schwarzen Höhle.

Der Weg verläuft abenteuerlich zwischen Felsen.

Der **Parkplatz ❶** des Naturparks La Reserva erstreckt sich über mehrere Ebenen – wer ganz oben, nahe beim Eingang parkt, muss am Ende der Tour wieder dorthin hinaufsteigen, da sich der Ausgang auf der untersten Ebene befindet.
Man betritt den Park bei einem Kassenhäuschen, hinter dem es vorbei an einem kleinen Gänseweiher – Vorsicht, die Gänse können ziemlich aggressiv sein – bergab zu einem etwas im Wald versteckten und leider etwas schlecht einsehbaren Bärengehege geht. Hier wird zum ersten Mal deutlich, dass der Park nicht auf dem neuesten Stand ist, was Tierhaltung angeht, aber für die nächsten Jahre wurden seitens des neuen Eigentümers großzügige Sanierungsmaßnahmen angekündigt.
Weiter bergab, teils über Stufen, erreichen wir einen Aussichtspunkt, von dem man ins Tal hinunter auf die Hotelanlage Es Ratxo sieht. Abermals passiert man, nun auf gleich bleibender Höhe dem Hang folgend, einen kleinen Teich, der von einem künstlichen Wasserfall gespeist wird. Dahinter geht es steiler bergab zur **Schwarzen Höhle ❷**, über deren Wände ein weiterer Wasserfall herabstürzt. Man geht nun immer weiter bergab in ein enges Tal hinein, in dem man auf einer hölzernen Brücke ein (normalerweise trockenes) Bachbett sowie einen anderen Weg kreuzt. Auf diesem werden wir später zum Ausgang gehen.
Hinter der Brücke wandern wir in ein Seitental hinein, in dem es einen weiteren Wasserfall gibt. Der Weiterweg ist links oberhalb von uns bereits sichtbar; wir gehen dort hinauf und steigen am Hang entlang an, bis wir einen überdachten **Rastplatz ❸** bei einem Eselgehege erreichen.
Von hier steigt der Weg nur mehr wenig an und verläuft an einem Hang entlang mit Blick auf das Tal, das wir zuvor auf der Brücke gequert haben. Man gelangt zu einer Abzweigung, bei der man geradeaus weiter zu einem etwa 50 Meter entfernten weiteren Rastplatz kommt, dessen Dach an einer Ecke von einem lebenden Olivenbaum getragen wird.

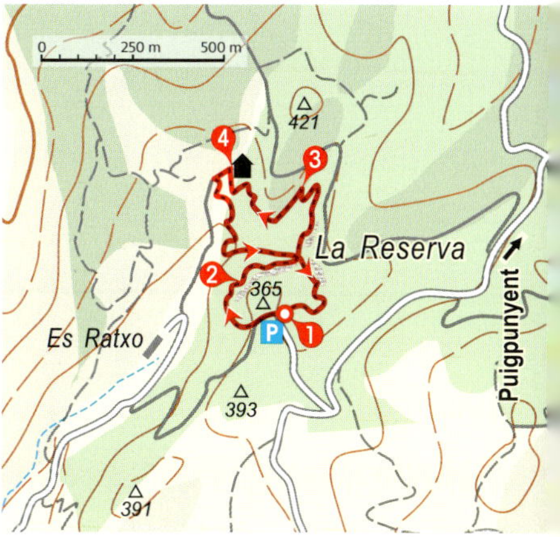

Badespaß in den Felsenbecken beim Abenteuerpark.

Wenn man bei der Abzweigung links bergab geht, erreicht man nach wenigen Minuten den **Kernbereich des Parks ❹**. Hier gibt es Rastbänke und einen Imbisskiosk, bei dem man sich auch für die Teilnahme an den Abenteuer-Aktivitäten anmelden kann: zum Felsklettern, für die abenteuerliche Bewältigung der drei Seilbrücken oder für eine Fahrt mit den drei Seilrutschen.

Auch für diejenigen, die dieses Zusatzprogramm nicht buchen wollen, gibt es hier eine Menge zu tun und zu sehen. Zunächst einmal kann man sich in den Badebecken erfrischen, die ein Stück oberhalb in die Felswand hineingebaut sind. Es gibt hier Umkleidekabinen und sogar einen kleinen künstlichen Wasserfall. Außerdem kann man noch mehrere Tiergehege mit Raubvögeln, Eseln und Ponys besichtigen. Ziegen, Pfaue, Enten, Schwäne und Gänse laufen sowieso überall im Park frei herum.

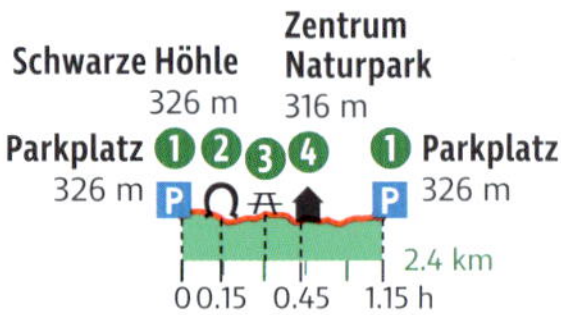

Der Rückweg zum Ausgang führt zunächst noch ein Stück weiter bergab in ein enges Tal hinein, in dem man dann neben einem – normalerweise ausgetrockneten – Bachbett wieder bergauf geht. Dabei kreuzt man auch die Stelle, an der wir dasselbe Tal am Hinweg auf einer Brücke überquert haben, und geht unter dieser hindurch. Das Tal verengt sich, es geht kurz etwas steiler bergauf, und schließlich verlässt man den Naturpark La Reserva durch eine Drehtür.

Schon außerhalb des Geländes kommt man nochmals an einem WC-Gebäude sowie an einem kleinen Spielplatz vorbei, und schließlich geht man über eine kleine Brücke hinüber zum **Parkplatz ❶**.

ab 6 Jahren

2.30 Std. | 5,0 km | ↗300 m | ↘300 m

Wo Jesus übers Land blickt

Zur Ermita de Maristella bei Esporles

Waldwanderung zu einem Kloster und einem Aussichtspunkt

Ganz so groß und berühmt wie die Christusstatue in Rio de Janeiro ist diejenige oberhalb von Esporles nicht – aber von der sie umgebenden Plattform hat man trotzdem einen fantastischen Ausblick über das Tal und über die Berge der Tramuntana. Bei dieser für mallorquinische Verhältnisse ungewöhnlich schattigen und waldreichen Tour gehen wir von einem schönen Rastplatz mit Picknicktischen und Spielplatz hinauf bis zum einsam gelegenen Kloster Ermita de Maristella. Die Wanderung lässt sich auch gut mit einem Besuch am Landgut La Granja (Tour 10) kombinieren.

Ausgangspunkt: Picknickplatz »Son Trias« oberhalb von Esporles (Navi: Carrer Costa de Son Tries, 07190 Esporles; N39.662277, E2.575444).
Anfahrt: Von Palma auf der Ma-1040 nach Esporles. Kurz vor der Ortsmitte biegt man links auf die Straße »Costa de Son Trias« ab (Wegweiser »Es Verger« und »Centro de salut«). Man folgt der Straße ca. 1,5 km, bis in der zweiten Serpentine rechts der geschotterte Zufahrtsweg zum Picknickplatz abzweigt. Die nächste Bushaltestelle der Linie 200 befindet sich im Ort Esporles, von dort 1,6 km zusätzlich am Hin- und Rückweg.
Anforderungen: Anfangs leichte Wanderung auf Asphalt und gut befestigten, breiten Schotterwegen. Der Abstieg von der Christusstatue zum Rastplatz teilweise auf mit Stufen ausgebauten Wegen.
Ausrüstung: Leichte Wanderschuhe, Proviant und ausreichend Trinkwasser, Sonnen- und Regenschutz.
Einkehr: Keine unterwegs; mehrere Lokale in Esporles.

Unser Ausgangspunkt, der Picknickplatz **Son Trias** ❶, befindet sich in einem schattigen Wald, und neben zahlreichen Rastbänken und einem WC gibt es auch einen kleinen Spielplatz. Von hier gehen wir auf der Schotterstraße, über die wir mit dem Auto gekommen sind, zurück auf die Asphaltstraße und halten uns auf dieser bergauf. Nach einer Viertelstunde erreichen wir einen **Bergpass** ❷, auf dem mehrere Wege abzweigen. Wir nehmen einen eher unscheinbaren Weg, der an der Innenseite der Rechtskurve beginnt und durch ein Gittertor führt, dessen Errichter wohl ziemlich schlank gewe-

Felsen zum Kraxeln finden sich immer.

Rast bei der Christusstatue.

sen sein dürften. Wir kommen an einem Haus vorbei und folgen ab hier wieder einem zum Teil geschotterten, zum Teil betonierten Weg, der in den lichten Wald hineinführt und sich dann in diesem bergauf schlängelt. Der Weg wird schließlich wieder flacher und breiter und biegt an einer **Verzweigung ❸** scharf nach links bergauf. Hier zeigt auch ein Wegweiser zur Ermita de Maristella, dem wir folgen, während ein Waldweg geradeaus weiterführt, auf dem wir später absteigen werden. Auf der breiten Schotterstraße gehen wir nun in mehreren Kurven nochmals für etwa 20 Minuten bergauf zum Kloster **Ermita de Maristella ❹**, bei dem man sehr schön rasten kann.

Wir kehren auf demselben Weg zurück zur **Abzweigung ❸** und wenden uns dort nun links bergab. Dem Waldweg folgend kommen wir schon nach rund 50 Metern zu einem runden Mäuerchen, von dem ein kurzer Abstecher nach rechts zur Christusstatue **Cor de Jesús ❺** führt. Von der Plattform bei der Statue hat man einen schönen Blick auf Esporles und die dahinterliegenden Berge.

Wir gehen die wenigen Meter zurück bergauf zum Waldweg und auf diesem weiter rechts bergab. Der Abstieg ist nicht immer ganz leicht zu finden, vereinzelt stehende Steinmännchen helfen bei der Orientierung. Man hält sich im Zweifelsfall immer eher rechts und nimmt keinesfalls einen der bergauf führenden Wege.

Wer kann diesem Baum widerstehen?

Man kommt dabei an einem Köhlerplatz, an den Überresten eines alten Gewölbes und schließlich an einem markanten gegabelten Baum vorbei, auf den die Kinder unbedingt hinaufkraxeln müssen, um nach etwa 45 Minuten Abstieg wieder den Picknickplatz **Son Trias** ❶ zu erreichen.

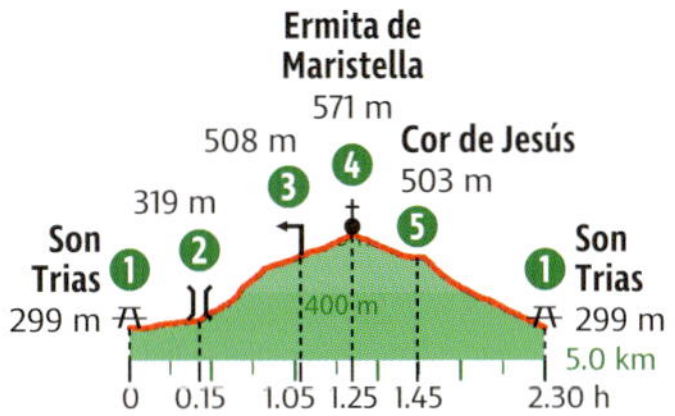

1.30–2.30 Std.

ab 5 Jahren

Zwischen Staunen und Genießen

Besuch auf dem Landgut La Granja bei Esporles

Ein spannender und lehrreicher Ausflug in die Vergangenheit

Eintauchen in vergangene Zeiten, das Leben auf einem hochherrschaftlichen Landsitz des 18. und 19. Jahrhunderts kennenlernen und dabei einen entspannten Nachmittag verbringen – dafür eignet sich La Granja vortrefflich. Das inmitten prächtiger Gärten in einem kühlen und schattigen Tal gelegene Landgut hat eine bewegte Geschichte hinter sich und dient nun als Museum. Aber auch lokale Spezialitäten wie Wurst, Käse, eine Art Krapfen und selbstgemachte Marmeladen kann man am Ende der Besichtigung verkosten.

Anfahrt: Von Palma auf der Straße Ma-1040 nach Esporles. Der Ort wird durchquert; etwa 1,5 km hinter dem Ortsende befindet sich der Parkplatz von La Granja direkt an der Straßenkreuzung Richtung Puigpunyent (Navi: Carretera Banyalbufar, km 1.5, 07190 Esporles). Öffentlich mit der Buslinie 200 (Palma–Estellencs), Haltestelle »Sa Granja« erreichbar.

Öffnungszeiten: Täglich ab 10 Uhr geöffnet, im Sommer bis 19 Uhr, im Winter bis 18 Uhr, letzter Einlass 1.30 Std. vorher.
Kosten: Eintritt für Erwachsene 15,50 €, für Kinder bis 12 Jahre 9 €.
Einkehr: In La Granja gibt es ein Restaurant sowie eine Café-Bar.
Informationen: Tel. +34 971 610032, www.lagranja.net

Das Tal, in dem das Landgut »La Granja« liegt, war schon früh besiedelt, die ergiebige Quelle schon zur Zeit der Römer genutzt. Die ersten, die hier ihre Spuren hinterlassen haben, waren die Mauren, die vom 10. bis zum 13. Jahrhundert Mallorca beherrschten. Teile der Gartenanlagen mit Brunnen und Bewässerungsanlagen stammen noch aus dieser Zeit. Nach der Rückeroberung durch die Spanier wurde das Gut ab dem Jahr 1239 für zwei Jahrhunderte als Zisterzienserkloster genutzt, danach ging es wieder in den Besitz adeliger Familien über. Das heutige Museum will die gesamte Bandbreite der einstigen Geschichte aufzeigen, sowohl die Nutzung als hochherrschaftliche Residenz als auch das bäuerliche und handwerkliche Leben.

Nach dem Betreten des Areals durch ein Tor kommt man zuerst durch ein weitläufiges Freigelände mit Tiergehegen – einheimische Nutztiere wie

Ein Teil der Gartenanlagen stammt noch aus maurischer Zeit.

Ziegen, Schafe, Hasen und Hühner, aber auch Fasane, Enten und Gänse. Auch ein altes Waschhaus, Geräteschuppen und eine Färberei kann man bestaunen, bevor man einen prächtigen Garten mit einer künstlichen Grotte durchschreitet und im ersten Stock das Haupthaus der Finca betritt.

Die folgenden Räume zeigen einen Querschnitt des herrschaftlichen Lebens vergangener Tage. Einen Salon und Schlafzimmer verschiedener Epochen findet man hier ebenso wie einen Spielsaal, ein Näh- und Bügelzimmer, einen Speisesaal, eine riesige Küche oder das Arbeitszimmer eines Arztes. Eine Kapelle erinnert noch an die Zeit, als La Granja von den Zisterziensern als Kloster genutzt wurde.

Geht man weiter über eine Treppe ins Erdgeschoß, so lernt man das Handwerk früherer Zeiten kennen. Hier gibt es eine Ölmühle, eine Spenglerei, alte Webstühle, einen Weinkeller und auch eine Destillieranlage für die Herstellung von Likören.

Nach diesem Rundgang durchs Haus gelangt man wieder ins Freie, wo man zu einem kleinen Bach und zu Gehegen mit weiteren Tieren, darunter die hier heimischen schwarzen Schweine, und zu einer Papiermühle gelangt. Wer möchte, kann auch einen größeren Rundgang durch die angrenzenden Wälder machen; der ausgeschilderte Spazierweg ist etwa 1,2 Kilometer lang.

Man kommt abermals zum Herrschaftshaus, wo man nun den Keller besichtigen kann. Zart besaitete Gemüter sollten nach den ersten drei Räumen, wo es eine Käserei, eine bäuerliche Küche und eine Getreidemühle zu sehen gibt, wieder umdrehen. Wer sich hingegen etwas gruseln mag, gelangt weiter in einen

Die weitläufigen Gärten unterhalb des Herrenhauses.

Gerichtssaal der Inquisition, in ein Gefängnis und in eine Folterkammer mit einer Sammlung schauerlicher Marterinstrumente.

Durch eine Wachstube verlässt man den Keller wieder und gelangt in einen Innenhof mit Springbrunnen, und den herum sich u. a. eine Seilerei, eine Töpferei, eine Schmiede und ein Schuppen mit einem Auto aus dem Jahr 1898 gruppieren.

Zuletzt besucht man noch den unteren Teil des Gartens, in dem sich als eine der Hauptattraktionen eine rund 1000 Jahre alte Eibe befindet.

Am Ende des Rundganges kann man kostenlos lokale Spezialitäten wie Fleischpastete, Käse, Salami, eine Art Krapfen und Marmelade verkosten. Es gibt auch ein Terrassencafé und ein Restaurant, in dem man einkehren kann.

Besonders interessant ist ein Besuch in La Granja am Mittwoch- oder Freitagnachmittag, weil dann auch Vorführungen von Handwerkern, etwa in der Schmiede und in der Töpferei, geboten werden.

1.30 Std. | 2,8 km | ↗150 m | ↘150 m | ab 6 Jahren

11 Zum Aussichtspunkt des Erzherzogs

Kloster Ermita de la Trinitat und Mirador des Tudons

Schattige Runde hoch über der wilden Nordküste

Eine abwechslungsreiche und auch an sonnigen Tagen nur wenig anstrengende Waldwanderung wartet an der Nordwestküste Mallorcas auf uns. Auf dieser bequemen Runde, auf der nur wenige Steigungen zu bewältigen sind, kommen wir an einem hübschen kleinen Kloster, einer Eremitenhöhle und mehreren ehemaligen Köhlerplätzen vorbei. Gegen Ende der Tour besteigen wir einen der schönsten und am aufwendigsten errichteten Aussichtspunkte mit herrlichem Ausblick auf die wildromantische Steilküste, angeblich einem der Lieblingsplätze des österreichischen Erzherzogs Ludwig Salvator (siehe Tour 13).

Ausgangspunkt: Parkplatz »El Encinar« beim Hotel Continental direkt an der Straße Ma-10 bei km 68,5 zwischen Valdemossa und Deià (Navi: Carretera Ma-10, km 68.3, 07170 Valldemossa).
Anfahrt: Von Palma auf der Ma-1110 nach Valdemossa und weiter auf der Ma-10 Richtung Deià.
Öffentlich fährt man mit der Buslinie 210 ab Palma bis zur Haltestelle »Ca madò Pilla«.
Anforderungen: Anspruchslose Waldwanderung auf Schotter- und Waldwegen mit nur geringen Steigungen.
Ausrüstung: Leichte Wanderschuhe oder gute Trekkingsandalen.
Einkehr: Restaurant im Hotel Continental oder Restaurant Can Costa etwa 1,3 km südlich an der Ma-10; weitere Lokale in Deià und Valdemossa.

Ausgangspunkt unserer Runde ist der Parkplatz **El Encinar ❶** an der Straße Ma-10 beim Hotel Continental. Auf der gegenüberliegenden Straßenseite beginnt ein Schotterweg, der durch den Wald bergauf führt. Schon nach etwa 150 Metern kommen wir zu einer Weggabelung, bei der wir uns scharf rechts bergauf halten. Der Weg steigt durch den Wald kontinuierlich an und trifft unterhalb einer steinernen Rastbank auf einen weiteren, auf dem wir später zurückgehen werden. Wenige Meter weiter durchschreiten wir ein Metalltor und kommen auf einen Parkplatz vor dem Eingang des Klosters **Ermita de la Trinitat ❷**, das wir nun besuchen können. Das Kloster verfügt über einen schönen Garten und man kann bis zu einer kleinen Aussichtsterrasse gehen. In einem kleinen Laden werden Devotionalien zum Kauf angeboten.

Die einstige Eremitenhöhle.

Aufstieg zum Mirador des Tudons.

Vor dem Kloster bzw. oberhalb des Parkplatzes gibt es weitere Rastbänke, die wir für eine Pause nützen können. Danach gehen wir wieder durch das Tor zurück und nehmen diesmal den Weg, der oberhalb des Steintisches in den Wald hineinführt. Nach einer guten Viertelstunde ab dem Kloster kommt man kurz hintereinander an drei runden Köhlerplätzen inmitten des Waldes vorbei. Gleich darauf liegt rechts unter einem Felsen verborgen eine **Eremitenhöhle 3**, in die man sogar hineinkriechen kann.

Hinter dieser führt der Weg teils eben, teils wieder leicht bergab an den Ruinen ehemaliger Einsiedlerklausen und einem Kalkofen vorbei. Dann biegt sich unser Weg nach links und führt, jetzt näher am Meer, in einem weiten Bogen zurück in westliche Richtung. Nachdem wir einem weiteren Köhlerplatz passiert haben, kommen wir zum **Mirador des Tudons 4**, einer pompösen Freitreppe zu einer Aussichtsplattform mit Blick aufs Meer.

Wir folgen weiter dem Weg, nun deutlicher bergab, und gelangen zurück zur ersten Abzweigung. Nun gehen wir auf der bekannten Schotterstraße bergab und gelangen so nach 150 Metern wieder zum Ausgangspunkt **El Encinar 1**.

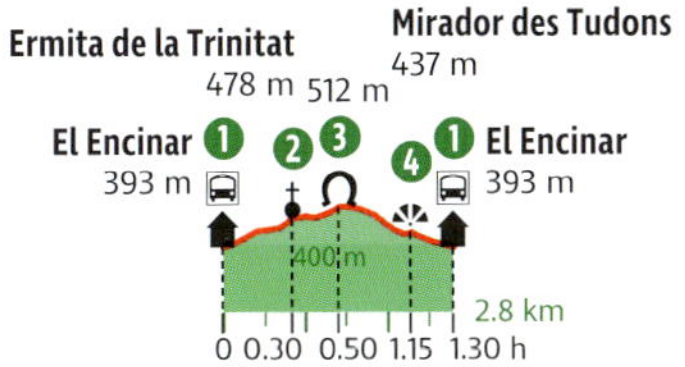

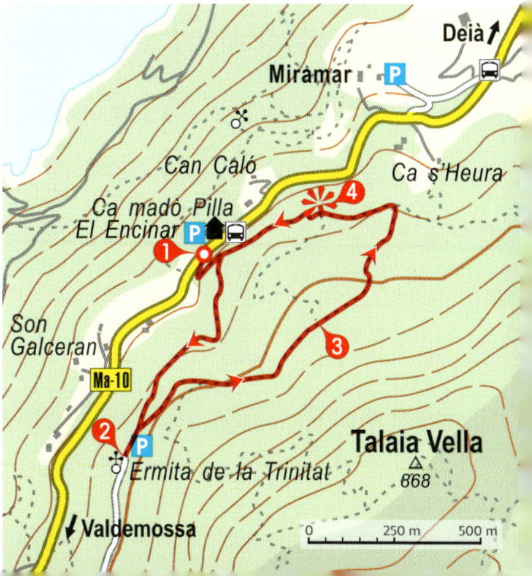

1.00 Std. | 1,7 km | ↗ 140 m | ↘ 140 m | **ab 6 Jahren**

12

Auf den Spuren von Ramon Llull

Aussichtsreiche Wanderung beim Kloster Miramar

Von Aussichtspunkt zu Aussichtspunkt

Das Kloster Miramar zwischen Valdemossa und Deia wurde im 13. Jahrhundert vom mallorquinischen Theologen Ramon Llull als Einsiedelei gegründet. Ende des 19. Jahrhunderts gelangte es zusammen mit den umliegenden Ländereien in der Besitz des österreichischen Erzherzogs Ludwig Salvator, der ihm sein heutiges Aussehen verlieh. Auf dieser Kurzwanderung kommen wir vom Kloster, das heute als Museum dient, zu einigen der schönsten Aussichtspunkte über diesen Abschnitt der Küste.

Ausgangspunkt: Parkplatz des ehemaligen Klosters Miramar zwischen Valdemossa und Deià (Navi: Diseminado Miramar, 1, 07170 Miramar).
Anfahrt: Von Palma auf der Straße Ma-1110 nach Valdemossa, dort weiter auf der Ma-10 Richtung Deià bis km 65,5. Die Abzweigung zum Kloster kann man leicht übersehen.
Öffentlich mit der Buslinie 210 bis zur Haltestelle »Son Gallard«. Direkt bei der Haltestelle Richtung Palma zweigt eine Straße ab, die mit einem Gittertor versperrt ist. Dieses lässt sich auf Knopfdruck öffnen; man folgt der Straße zu einem zweiten Tor und hinter diesem rechts zum Parkplatz beim Kloster. 500 m pro Richtung zusätzlich.
Anforderungen: Einfache Wanderung auf großteils gut befestigten, teilweise mit Stufen ausgebauten Wegen.
Ausrüstung: Leichte Wanderschuhe, Proviant und ausreichend Trinkwasser, Sonnen- und Regenschutz.
Gehzeit: 1 Std., effektive Besuchszeit 2–3 Std.
Öffnungszeiten Kloster: Montag bis Samstag von 9.30 bis 14 Uhr und von 15 bis 17.30 Uhr, sonntags geschlossen.
Kosten: Eintritt 4 € pro Person.
Einkehr: Keine Einkehr vor Ort, aber die Einkehrmöglichkeiten von Tour 11 und 13 sind nur wenige Minuten mit dem Auto entfernt.
Informationen: Tel. +34 971 639158, www.sonmarroig.com
Hinweis: Diese Wanderung ist nur zu den oben angegebenen Öffnungszeiten möglich, da man das Areal des Klosters durchqueren muss.

Schon vom **Parkplatz** ❶ beim ehemaligen Kloster Miramar genießt man einen schönen Blick hinunter auf die felsige Nordküste. Doch das ist nur ein erster Vorgeschmack. Man kauft die Eintrittskarten in einem kleinen Nebengebäude, wo sich auch Toiletten befinden, und betritt dann den hübschen und gepflegten Klostergarten. Durch diesen hindurch geht man zum Haupteingang des ehemaligen **Klosters**, in dem man nun mehrere Ausstellungsräume besichtigen kann. Am interessan-

Herrlicher Blick zur Halbinsel Sa Foradada.

testen sind dabei wohl diejenigen, die über die Besuche der österreichischen Kaiserin Elisabeth und über die Forschungsreisen des Erzherzogs Ludwig Salvator informieren. In einem der Räume hat man zahlreiche Einrichtungsgegenstände des Segelschiffes »Nixe II« zusammengetragen, mit dem der Erzherzog weite Seereisen auf dem Mittelmeer gemacht hat.

Nach der Besichtigung des Klosters folgt nun die eigentliche Wanderung. Man verlässt das Kloster auf der gegenüberliegenden Seite, hält sich zunächst rechts und dann gelben Pfeilen folgend links. Man kommt zu einem hölzernen Tor, hinter dem man auf Stufen hinab in einen Olivenhain steigt. In diesem immer leicht bergab haltend kommt man an einem gemauerten Aussichtspunkt, dem **Mirador des Guix**, vorbei. Der Weg endet an einer Aussichtsplattform mit hufeisenförmiger Mauerbrüstung, dem **Mirador de sa Ferradura** ❷, von dem aus man den schönsten Blick hinunter auf die Halbinsel Sa Foradada (siehe Tour 13) genießt.

Wir gehen am selben Weg wieder zurück, leicht bergauf am **Mirador des Guix** vorbei und folgen dem Zaun entlang der Felskante zu einem hölzernen Überstieg, über den wir klet-

Die Ruine der Capella de Ramon Llull.

Hallo Kinder,

der mallorquinische Philosoph und Theologe Ramon Llull, der von 1232 bis 1316 lebte, gehörte sicher zu den bemerkenswertesten und gebildetsten Menschen seiner Zeit. Nachdem er bei Hof aufgewachsen war, ein weltliches Leben geführt und sich der Dichtkunst gewidmet hatte, änderte sich sein Leben radikal, als er im Alter von 31 Jahren eine Vision hatte, in der er den gekreuzigten Christus neben sich sah. Er unternahm Pilgerreisen, bildete sich weiter, lernte Arabisch, Hebräisch und Chaldäisch und wurde bald ein berühmter Gelehrter. 1276 gründete er hier im Kloster von Miramar eine Missionsschule. Er vertrat eine für damalige Verhältnisse ungewöhnlich tolerante Einstellung gegenüber anderen Religionen, was dazu führte, dass seine Schriften zeitweise von der Kirche verboten wurden. Insgesamt verfasste er über 280 Werke, wobei er nicht nur auf Lateinisch, sondern auch auf Katalanisch schrieb und somit zum Begründer der katalanischen Literatur wurde.

tern. Auf einem schmalen Fußweg, mit einem Geländer gesichert, kommen wir unterhalb einer überhängenden Felswand zu den **Coves de Ponent** mit einem Relief des Theologen Ramon Llull. Dahinter folgt man dem Weg noch bis zu einem ausgetrockneten Graben, wo er sich teilt. Ab hier geht es schattig durch relativ dichten Wald. Wir halten uns leicht bergab, etwa 100 Meter weiter neuerlich bergab und treffen auf die Ser-

Am Rückweg durch die Terrassen.

pentine eines anderen Weges. Diesen gehen wir rechts hinunter und schon nach knapp 50 Metern einen links ansteigenden Weg hinauf. Diesem immer folgend kommen wir zu einer markanten Felsgruppe, unter der der Weg vorbeiführt. Direkt dahinter liegt eine Wegkreuzung. Diese für den Rückweg einprägen! Wir nehmen den Weg rechts bergab, kommen an einer schmalen Höhlenspalte vorbei und erreichen dann über eine Steinbrücke die Ruine der auf einem spektakulären Aussichtsfelsen errichteten **Capella de Ramon Llull** ❸. Falls man um die Kapelle herumgehen möchte, ist Vorsicht geboten und man sollte kleinere Kinder an der Hand nehmen, weil an mehreren Stellen das Geländer beschädigt ist. Wir genießen den Ausblick aufs Meer und die Halbinsel Sa Foradada mit dem charakteristischen Felsbogen.

Wir gehen von der Kapellenruine etwa fünf Minuten auf demselben Weg zurück bis zur Abzweigung bei der markanten Felsgruppe, die wir uns am Hinweg gemerkt haben. Hier wenden wir uns nun scharf rechts und gehen den ansteigenden Weg hinauf bis zu einer weiteren Abzweigung, bei der wir uns links halten. Nun immer auf annähernd gleicher Höhe durch den lichten Wald zurück, bis man nach etwa zehn Minuten zu einem weiteren hölzernen Überstieg über einen Zaun gelangt. Hinter diesem trifft man auf einen breiten Fahrweg, dem man im Zickzack nach oben folgt und so zu einem Olivenhain mit mehreren von steinernen

Der Weg führt an den Coves de Ponent vorbei.

Mauern begrenzten Terrassen gelangt.

In der Mitte von diesem gibt es eine gemauerte Wasserrinne, die zu beiden Seiten von Stufen flankiert wird. Auf Höhe jeder einzelnen Terrasse gibt es eine gemauerte Brücke über die Rinne, aber nur eine davon auf etwa einem Drittel der Höhe ist mit einem Geländer versehen. Auf der Höhe dieser gehen wir über die Terrasse nach Norden, also hangaufwärts blickend nach links. Wir kommen zu einem Gatter, durch das wir zurück aufs Klosterareal gelangen. Vorbei an einem Wasserbecken und einer Terrasse mit zwei bunten, sternförmigen Symbolen am Boden erreichen wir wieder das **Kloster Miramar** und gehen diesmal außen daran vorbei wieder zurück zum **Parkplatz ❶**.

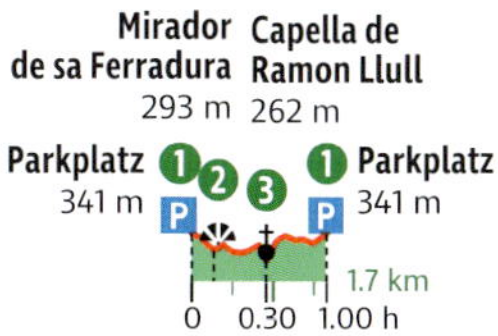

13

2.45 Std. | 6,8 km | ↗ 310 m | ↘ 310 m | ab 6 Jahren

Abstieg zum durchlöcherten Felsen

Von Son Marroig zur Landspitze Sa Foradada

Wanderung beim Landsitz von Erzherzog Ludwig Salvator

Die Halbinsel Sa Foradada (»die Durchlöcherte«, wer den Felsen sieht, weiß, wie er zu seinem Namen kommt) gilt als einer der landschaftlich schönsten und pittoreskesten Punkte der mallorquinischen Nordküste. Vom traumhaft schönen Aussichtspunkt hoch über der Küste kann man auf einer bequemen Schotterstraße hinab zur Felshalbinsel wandern, auf der einen ein kleiner Strand und eine Einkehrmöglichkeit erwarten. Nach dem Aufstieg zurück sollte man es sich keinesfalls entgehen lassen, den heute als Museum eingerichteten Landsitz des österreichischen Erzherzogs Ludwig Salvator, des »Königs von Mallorca«, zu besichtigen. Das Museum beinhaltet großteils Original-Einrichtungsgegenstände aus der Zeit des österreichischen Erzherzogs Ludwig Salvator. Von der Aussichtsterrasse im ersten Stock hat man einen fantastischen Blick aufs Meer und die Halbinsel Sa Foradada, und im schattigen Garten mit seinen exotischen Pflanzen findet man angenehme Erholung. Besonders sehenswert ist auch der aus Marmor errichtete Aussichtspavillon.

Ausgangspunkt: Parkplatz beim Schlösschen Son Marroig an der Ma-10 (Navi: Diseminado Valldemossa Cr, 13, 07179 Deià).

Anfahrt: Von Palma auf der Straße Ma-1110 nach Valdemossa, dort weiter auf der Ma-10 Richtung Deià bis km 65,5. Es besteht eine öffentliche Busverbindung ab Palma mit der Buslinie 210 (Haltestelle »Sa Foradada«).

Anforderungen: Einfache Wanderung auf breiten Asphalt- und Schotterwegen, aber aufgrund des langen Anstiegs am Rückweg eher anstrengend.

Ausrüstung: Leichte Wanderschuhe, Proviant und ausreichend Trinkwasser, Sonnen- und Regenschutz.

Gehzeit: 2.45 Stunden für die Wanderung; mit Besuch des Landsitzes sollte man auf jeden Fall ½ Tag für die Unternehmung einplanen.

Öffnungszeiten: Der Landsitz Son Marroig ist Montag bis Samstag von 9.30 bis 14 Uhr und von 15 bis 17.30 Uhr geöffnet, sonntags geschlossen.

Kosten: Eintritt 4 € pro Person.

Einkehr: Bar mit Getränken und Eis am Aussichtspunkt oberhalb des Schlösschens, Restaurant Mirador Na Foradada, Restaurant Sa Foradada am Wendepunkt der Wanderung.

Bademöglichkeit: Es gibt einen kleinen Strand am Ziel der Wanderung.

Informationen: Tel. +34 971 639158, www.sonmarroig.com

Vom Aussichtspunkt aus kann man das Loch im Felsen besonders gut sehen.

Der Marmorpavillon thront auf einer Felsspitze.

Vom **Parkplatz 1** gehen wir zunächst auf einer Asphaltstraße bergab vorbei an Souvenirständen und einer Aussichtsterrasse, auf der sich eine kleine Café-Bar mit urigen Sitzgelegenheiten und Strohdächern befindet. Wenige Meter weiter kommt man am Restaurant Mirador Na Foradada vorbei.

Man folgt weiter der Straße, die am heute als Museum dienenden Landsitz **Son Marroig 2** des österreichischen Erzherzogs Ludwig Salvator vorbeiführt. Ob man dieses nun vor der eigentlichen Wanderung oder gegen Ende besichtigen will, bleibt jedem selbst überlassen.

Wir gehen geradeaus weiter auf der Asphaltstraße und gelangen zu einem verschlossenen Eisentor mit Überstieg. Ein Wegweiser die Straße entlang informiert darüber, dass man in einer Stunde zu einem Restaurant kommt. Der Asphalt endet bald und geht in eine Schotterstraße über, die durch einen Olivenhain mit neugierigen Eseln und scheuen Schafen führt. Der Weg verläuft bald durch eine felsige Landschaft – eine

In den Gärten von Son Marroig.

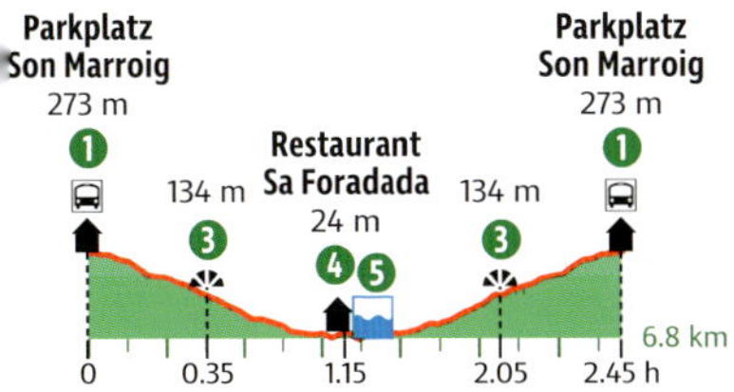

Felswand weist sogar tropfsteinartige Gebilde auf – mit Aleppokiefern und Sträuchern, immer leicht bergab. Ein Stück weiter erreicht man über eine Stiege eine **Aussichtsplattform** ❸ mit Blick auf die Halbinsel. Noch eine weitere Viertelstunde geht man entlang der Küste bergab, dann führt die Schotterstraße auf die Halbinsel hinaus und verläuft mit schönen Ausblicken aufs Meer an deren Ostseite entlang. Die Straße endet bei dem über eine Stiege erreichbaren, meist gut besuchten **Restaurant Sa Foradada** ❹, das auf den Felsen thront und von dem man in eine kleine **Felsbucht** ❺ mit Bootssteg hinuntersieht. Diese erreicht man über eine kurz vor dem

An der Landspitze Sa Foradada.

Restaurant nach rechts führende Stiege. Ein Fußpfad auf die Felsen darf wegen brütender Vögel von Juni bis Oktober nicht begangen werden. Zurück geht es auf demselben Weg.

Hallo Kinder,

Ludwig Salvator, auch als »König von Mallorca« bezeichnet, galt als der Forscher unter den Habsburgern, einem österreichischen Adelsgeschlecht. Er fand hier auf Mallorca seine Wahlheimat, erwarb zunächst das Anwesen von Miramar und erweiterte seinen Besitz im Lauf von 30 Jahren immer mehr, bis schließlich der gesamte Küstenabschnitt zwischen Deià und Valldemossa ihm gehörte. Er unternahm weite Forschungsreisen im Mittelmeerraum und verfasste insgesamt 50 Bücher. Bei der Bevölkerung war der »Austriaco« sehr angesehen und beliebt, denn er verhielt sich stets bescheiden und pflegte auch Kontakte zu einfachen Landarbeitern. Sein »Markenzeichen« war seine einfache Kleidung, was oft dazu führte, dass er gar nicht erkannt und selbst für einen Matrosen, Landarbeiter oder Schweinehirten gehalten wurde. Er erlernte auch die mallorquinische Sprache und schrieb ein siebenbändiges Werk »Die Balearen in Wort und Bild«, das noch immer als Standardwerk über die lokale Geschichte, Tier- und Pflanzenwelt gilt.

Der Norden Mallorcas

Sucht man nach dem wildesten und landschaftlich schönsten Teil der Baleareninsel, so wird man im Norden fündig. Beherrscht wird der Norden vom bis zu 1500 Meter hohen Tramuntana-Gebirge, das sich an der gesamte Nordküste Mallorcas entlangzieht und mit dem wildromantischen Kap Formentor endet. Das Gebirge fällt steil zum Meer hin ab, sodass es nur wenige Buchten und Strandabschnitte, ja nicht einmal irgendwelche bedeutenderen Siedlungen gibt. Auch mehrere tiefe Schluchten haben sich tief ins Kalkgestein eingegraben, die bekannteste und tiefste ist die des Torrent de Pareis, deren Durchquerung auf gesamter Länge zwar für Familien mit Kindern zu anstrengend und zu lang ist, die man aber von der Küste ausgehend bei einer eindrucksvollen Wanderung kennenlernen kann (Tour 19).

Die einzige Ortschaft an der Nordwestküste, die von Palma aus leicht und schnell erreichbar ist, ist das in einem lieblichen Tal, dem »Tal der Orangenbäume«, gelegene Sóller. Jahrhundertelang war es nur auf mühsamen und beschwerlichen Wegen oder von See her erreichbar, bis im Jahr 1912 eine Bahnlinie von Palma hierher errichtet wurde. Diese wird bis heute betrieben und gehört gemeinsam mit der von Sóller zum Hafen Port de Sóller führenden Straßenbahn zu den bekanntesten touristischen Attraktionen (Tour 14). Mittlerweile gibt es aber auch einen Straßentunnel, sodass auch Autofahrer nicht mehr die Fahrt über eine kurvenreiche Bergstraße in Kauf nehmen müssen, um hierher zu gelangen.

Zwischen Sóller und der Stadt Pollença ganz im Norden Mallorcas gibt es keine einzige größere Ortschaft, dafür aber eine Reihe lohnender Wanderziele. Hier befindet sich auch das spirituelle Zentrum Mallorcas, das mitten in den Bergen gelegene Kloster Lluc (Tour 20), das auch Ausgangspunkt schöner Bergtouren ist.

Südlich von Kap Formentor schließen sich zwei weite Buchten, die von Pollença und die von Alcúdia, an, die jeweils über lange Strände verfügen, deren sumpfiges Hinterland aber weitgehend unverbaut ist und zum Teil unter Naturschutz steht. Generell ist dieser Teil Mallorcas eher etwas für Naturliebhaber als für diejenigen, die viel Action und Unterhaltung brauchen.

Im Tal der Zwergpalmen (Tour 23).

In der Schlucht des Torrent de Pareis (Tour 19).

Die Strände und Badeorte im Norden

Hauptorte im Norden sind neben dem oben erwähnten Sóller, das aber nur über einen eher kleinen Strand in Port de Sóller verfügt, die beiden Städte Pollença und Alcúdia mit den dazugehörigen Hafenorten Port de Pollença und Port d'Alcúdia. Dazwischen findet man kaum Buchten, die zum Baden einladen; kleine Kiesstrände gibt es nur in der Cala Tuent und bei Sa Calobra, die aber beide nur entweder vom Meer her per Bootsausflug oder über eine beschwerliche Serpentinenstraße aus dem Landesinneren erreichbar sind. Die Infrastruktur ist bescheiden; an der Cala Tuent gibt es nur ein einziges Restaurant und weder Umkleiden noch Duschen oder Toiletten, und auch der kleine Kiesstrand am Ausgang des Canyons Torrent de Pareis bei Sa Calobra (Tour 19) verfügt über keinerlei Infrastruktur, allerdings befinden sich hier einige Lokale an der Strandpromenade.

Ganz anders sieht es an den Buchten von Pollença und Alcúdia aus. Während die erstere noch weitgehend unverbaut ist, gehört der Küstenabschnitt südlich von Alcúdia mit den Orten Port d'Alcúdia, Platja de Muro und Can Picafort zu denen mit der größten Dichte an Hotels und Appartements. Hier gibt es überall ein großes touristisches Angebot, Wassersportmöglichkeiten, Strandbars, Fahrradverleih und vieles mehr. Der Strand ist flach und sandig, sodass er sich ideal auch für Familien mit kleinen Kindern eignet.

Das Kloster Lluc ist das spirituelle Zentrum von Mallorca (Tour 20).

Tagesausflug

ab 3 Jahren

14

Alles auf Schiene!

Mit Zug und Straßenbahn nach Port de Sóller

Von Palma ins »Tal der Orangen«

Nicht nur eingefleischte Eisenbahnliebhaber kommen bei einer Fahrt mit der historischen Bahn von Palma nach Sóller bzw. mit der Straßenbahn weiter nach Port de Sóller auf ihre Kosten. Kaum jemand kann sich der Faszination dieser bereits im Jahr 1912 bzw. 1913 errichteten Zugverbindungen entziehen. Auf der Straßenbahn-Strecke sind zum Teil noch die Originalfahrzeuge aus dem Eröffnungsjahr und auf der Bahnstrecke die Garnituren aus der Zeit nach der Elektrifizierung 1927 unterwegs. Die heute ausschließlich für Touristen betriebenen Züge sind eine ideale Möglichkeit, von Palma aus die Stadt Sóller, ihren Hafen und das berühmte »Tal der Orangen« kennenzulernen.

Ausgangspunkt: Bahnhof des Tren de Sóller in Palma. Alternativer Ausgangspunkt für alle, die nicht in Palma wohnen oder öffentlich anreisen, ist der Bahnhof von Bunyola auf halber Strecke (Parken gratis). Eine weitere Zustiegsmöglichkeit mit großem Gratis-Park-&-Ride-Parkplatz ist der Bahnhof Son Sardina.

Anfahrt: Der Bahnhof in Palma liegt oberirdisch direkt neben dem unterirdischen Umsteigeknoten zwischen sämtlichen regionalen Bus- und Bahnlinien. Wer mit dem Auto anreist, kann im Parkhaus Plaça d'Espanya parken (allerdings ca. 2 Euro pro Stunde Parkgebühr). – Nach Bunyola auf der Ma-11 bis nach km 14, dort rechts auf die Ma-2010 Richtung Bunyola und Orient. Nach 700 m unmittelbar hinter dem Bahnübergang rechts in die Carrer de l'Estació und dort parken. Der Bahnhof von Bunyola ist auch mit der Buslinie 220 ab Palma erreichbar. Der Bahnhof Son Sardina liegt direkt an der Ma-11.

Fahrzeiten: Die Fahrt von Palma nach Bunyola und von Bunyola nach Sóller dauert jeweils eine halbe Stunde, die Fahrt mit der Straßenbahn nach Port de Sóller ebenfalls. Mit Stadtrundgang in Sóller und Badestopp in Port de Sóller ergibt sich ein komplettes Tagesprogramm. Abfahrtszeiten siehe unter http://trendesoller.com/horarios

Kosten: Eine Fahrt auf einer Teilstrecke (Palma – Bunyola oder Bunyola – Sóller) kostet pro Person 9 € für die einfache Fahrt oder 15 € für Hin- und Rückfahrt. Die Gesamtstrecke Palma – Sóller kostet 18 € einfach oder 25 € für Hin- und Rückfahrt. Nur Barzahlung möglich (keine Karten!). Die Fahrt mit der Straßenbahn kostet 7 € pro Richtung; Karten sind nur im Zug erhältlich. Ein Kombiticket ab Palma für Hin- und Rückfahrt inklusive Straßenbahn kostet 32 €.

Einkehr: Zahlreiche Einkehrmöglichkeiten in Sóller und Port de Sóller; in Palma und Sóller befindet sich auch ein Café direkt im Bahnhofsgebäude.

Informationen: Tel. +34 971 752051 (Palma) bzw. Tel. +34 971 630130 (Sóller), www.trendesoller.com

Am Bahnhof in Palma scheint die Zeit stehengeblieben zu sein.

Schon beim Betreten des Bahnhofs des Tren de Sóller fühlt man sich in eine andere Zeit versetzt. Er besteht seit dem Jahr 1912 und wurde seither praktisch nicht verändert. Bahnsteig, Gleisanlagen, Fahrkartenschalter – alles strahlt hier nostalgisches Flair aus. Die Wartezeit auf die Abfahrt kann man sich in einem gemütlichen Café ober beim Besuch einer Gemäldeausstellung in einem ehemaligen Lokomotivschuppen vertreiben.

Die hölzernen Triebwagen stammen noch aus dem Jahr 1927.

Bevor die Bahn auf Initiative der Bürger von Sóller errichtet wurde, musste man von Palma in die Stadt an der Nordküste entweder mit dem Schiff oder über eine steile Straße über einen fast 500 Meter hohen Pass fahren. So entwickelte sich der Zug rasch zu einem wichtigen Verkehrsmittel für den Personen- und Gütertransport. Heute fährt er ausschließlich für Touristen; einen realen Verkehrswert für die Einheimischen hat er nicht mehr (alleine schon, weil eine Fahrt etwa das Vierfache eines Bustickets auf derselben Strecke kostet). Auch die Bezeichnung »Roter Blitz«, die unter deutschsprachigen Touristen verbreitet ist, verwenden die Einheimischen nicht.

An den Triebwagen und Waggons der Bahn scheint die Zeit spurlos vorübergegangen zu sein. Die Fahrzeuge haben noch immer die originale Verkleidung aus Holz mit Beschlägen aus Messing und die ursprüngliche Inneneinrichtung mit Sitzbänken, die sich so umklappen lassen, dass man immer in Fahrtrichtung sitzen kann – ein bei heutigen Eisenbahnen undenkbarer Luxus.

Hallo Kinder,

habt ihr gewusst, dass die Wagen der Straßenbahn von Sóller nach Port de Sóller zu den ältesten betriebsfähigen Straßenbahnfahrzeugen der Welt gehören? Einige Waggons – und zwar die Triebwagen mit den Nummern 1–3 und die Waggons mit den Nummern 5 und 6 – sind seit der Eröffnung der Strecke im Jahr 1913 in Betrieb! Weitere Fahrzeuge wurden später von der längst eingestellten Straßenbahn von Palma übernommen. Einige weitere stammen von der Straßenbahn in Lissabon und wurden eigens umgebaut, damit sie auf den schmäleren Schienen hier auf Mallorca fahren können. Eine Besonderheit stellt auch das Bahnhofsgebäude von Sóller dar. Es wurde nämlich nicht als solches errichtet, sondern ist eigentlich ein Herrenhaus aus dem 17. Jahrhundert, das in den Jahren 1911–1912 zum Bahnhofsgebäude umgebaut wurde. Damit ist es heute das älteste als Bahnhof genutzte Gebäude der Welt. Im Inneren befindet sich eine Ausstellung mit Kunstwerken von Picasso und Miró, die bei freiem Eintritt besichtigt werden kann.

Blick vom Aussichtspunkt auf das »Tal der Orangen«.

Die Fahrt führt zuerst durch die Außenbezirke von Palma. Erst bei der Station Son Sardina – einer weiteren Zustiegsmöglichkeit, bei der man im Gegensatz zu Palma gratis parken kann – bekommt die Bahnstrecke ländlichen Charakter. Zwischen Feldern und Dörfern fährt man durch weitgehend ebene, wenig aufregende Kulturlandschaft, um nach einer halben Stunde den Bahnhof von Bunyola zu erreichen.

Wer hier zusteigt, kann die Hälfte des Fahrpreises sparen – und trotzdem den Großteil des Reiseerlebnisses genießen. Denn wirklich aufregend wird die Bahnfahrt erst ab hier. Bunyola liegt an den südlichen Ausläufern des Tramuntana-Gebirges, und ab hier bekommt die Bahnstrecke den Charakter einer Gebirgsbahn. Wir fahren in das enger werdende Tal hinein, um den Hauptkamm des Gebirges dann in einem 2876 Meter langen Scheiteltunnel zu unterfahren. Auf diesem Abschnitt gibt es keine weiteren Stationen; auch die Haltestelle, die direkt bei den Gärten von Alfabia liegt (siehe Tour 15) wird nicht mehr eingehalten. Es gibt nur einen Fotostopp beim Ausweichbahnhof »Mirador des Pujol d'en Banya«. Noch insgesamt zwölf weitere Tunnel werden durchfahren und ein Viadukt überquert. Immer wieder genießt man schöne Ausblicke über das »Tal der Orangen«, bis man schließlich den Bahnhof von Sóller erreicht, in dem man zur Straßenbahn umsteigen kann.

Im Gegensatz zum Zug, wo die Karten nur zu einer bestimmten Uhrzeit gültig sind, kann zwischen Sóller und Port de Sóller jede beliebige Straßenbahn verwendet werden. Man kann sich also Zeit lassen, die Stadt Sóller zu besichtigen – und das sollte man auf jeden Fall tun, denn der Ort mit seinen engen, verwinkelten Gässchen lädt zur Erkundung ein. Außerdem hat man die Chance, eine weniger überfüllte Straßenbahn zu erwischen, wenn man nicht gleich nach Ankunft des Zuges weiterfährt. Die Fahrt auf der fünf Kilometer langen Straßenbahnstrecke ist noch beschaulicher als die mit der Bahn, sie führt teils mitten durch den Ort, durch Vorgärten und zuletzt entlang der Meeresbucht zum Endbahnhof in Port de Sóller, wo man einen Badeaufenthalt machen kann, bevor man wieder die Rückreise antritt. Man sollte nur nicht die Zeit übersehen und rechtzeitig nach Sóller zurückfahren, da die Karten für die Fahrt nach Palma ja nur in einem bestimmten Zug gelten.

Die Straßenbahn fährt mitten durch die Altstadt von Sóller.

ab 3 Jahren

2.30 Std.

Entspannen im maurischen Garten

Besuch in den Jardines de Alfabia

Ein kleines Paradies am Südhang des Tramuntana-Gebirges

Genau das Richtige an einem heißen Sommertag ist ein Besuch in den Gärten von Alfabia. Die herrliche Gartenanlage, deren Ursprünge fast tausend Jahre bis in die maurische Zeit zurückreichen, bietet viel Platz zum Erholen und Entspannen. Es gibt kleine Teiche, hohe Palmen und eine Unzahl exotischer Pflanzen, ein sehenswertes Herrenhaus mit interessanten Nebengebäuden, Stallungen und einer Ölmühle. An der Bar lassen sich frischgepresste Säfte verkosten, und ein Höhepunkt für die Kinder sind die originellen Wasserspiele in einem der schattigen Laubengänge.

Durch eine lange Palmenallee betritt man den Garten.

Der große Teich bildet das Zentrum der Gartenanlage.

Anfahrt: Der Parkplatz befindet sich direkt an der Ma-11, die von Palma nach Sóller führt, beim Kreisverkehr unmittelbar vor der Einfahrt in den Tunnel. (Navi: N39.716139, E2.690722).
Anfahrt auch mit der Buslinie 211 Palma–Port de Sóller möglich.
Öffnungszeiten: April bis Oktober täglich von 9.30 bis 18.30 Uhr, im März Montag bis Freitag 9.30 bis 17.30 Uhr, Samstag 9.30 bis 13.00 Uhr. Von November bis Februar sowie an Sonntagen im März geschlossen.
Kosten: Eintritt pro Person 7,50 €, Kinder unter 10 Jahren gratis.
Einkehr: Im Zentrum des Gartens gibt es eine Bar unter schattigen Palmen, bei der man Erfrischungen und hausgemachtes Eis kaufen kann.
Informationen: Tel. +34 971 613123, www.jardinesdealfabia.com

Vom Parkplatz folgt man der Beschilderung durch eine lange Allee zum Eingang der Gärten. Rechts befindet sich ein Nebengebäude mit Kasse und WC. Nun geht es nicht durch das Tor des prunkvollen Anwesens (den späteren Ausgang), sondern links über eine breite, von hohen Dattelpalmen gesäumte Freitreppe hinauf. Nachdem man zwei Löwenstatuen passiert hat, kommt man zu einer überdachten Zisterne, in der das Wasser für die Brunnen und Teiche des Gartens gesammelt wird. Linker Hand befindet sich ein Gebäude, in dem man eine originalgetreu eingerichtete Küche bestaunen kann.
Man wendet sich nun nach rechts und geht durch einen Laubengang, der mit Klettertrompeten überwachsen ist, leicht bergab. Der hintere Teil dieses Säulenganges, der zu einem Brunnen und einer Aussichtsterrasse führt, verspricht Spaß und Abkühlung nicht nur für Kinder: Wenn man einen Knopf betätigt, sprühen Wasserfontänen auf alle, die sich gerade im Laubengang befinden.
Von der Aussichtsterrasse hat man einen schönen Blick auf die Berge der Serra de Tramuntana sowie auf die umliegenden terrassenförmig angelegten Plantagen mit alten Oliven-, Zitronen- und Orangenbäumen.

Eine Erfrischung unter Palmen tut gut.

Vorsicht, hier kann man nass werden!

Man geht weiter durch einen Teil des Gartens mit in Form geschnittenen Buchsbaumhecken, zwischen denen verschiedene andere Zierpflanzen wachsen: ein bizarr anmutender Baum mit Stacheln an seinem Stamm, bunte Hortensien und vor allem farbenprächtige, rosa leuchtende Bougainvillea-Ranken. An einem kleinen Teich vorbei gelangt man zu einer Freitreppe, die rechts zum Herrschaftshaus hinaufführt. Bevor wir dieses besichtigen, wollen wir uns aber noch den Rest des Gartens – den eigentlichen Hauptteil – ansehen. Wir kommen zu einem Palmenhain, in dem sich eine Bar sowie Tische und Sitzgelegenheiten befinden. Hier kann man hausgemachtes Eis sowie Limonaden aus eigenen Zutaten – Zitronen und Rosmarin aus dem Garten – verkosten.

Danach kann man noch weiter durch den Park spazieren, vorbei an einem 300 Jahre alten Blauregen mit armdicken Ranken, einem Ziegengehege und einem Teich unter Palmen, bevor man hinauf zum Herrschaftshaus geht. In diesem gibt es prunkvolle Empfangszimmer, eine Bibliothek, ein originalgetreues Schlafzimmer aus dem 18. Jahrhundert mit angeschlossenem Badezimmer. Im Innenhof spendet eine riesige Platane Schatten. Hier kann man eine Kapelle an der Nordseite des Hofes besichtigen. Über eine Rampe geht man hinunter zu den ehemaligen Stallungen im Keller des Herrschaftsgebäudes, und im Südflügel des Gebäudes gibt es noch etwas besonders Sehenswertes zu bestaunen: eine originalgetreu restaurierte Mühle zur Herstellung von Olivenöl. Zuletzt verlässt man das Areal durch den Tordurchgang und gelangt wieder hinaus zur Allee, die zum Parkplatz zurückführt.

2.30 Std. | 5,8 km | ↗ 300 m | ↘ 300 m | ab 8 Jahren

Sturm auf die Festung der Mauren

Wanderung zum Castell d'Alaró

Eine der schönsten Burgruinen Mallorcas

Ein lohnendes Ausflugsziel ist das noch aus maurischer Zeit stammende Castell d'Alaró, das sich auf einem nach drei Seiten senkrecht abfallenden Bergrücken in den südlichen Ausläufern der Serra de Tramuntana befindet. Vom Ausflugsgasthaus Es Verger führt diese schöne Rundwanderung auf bequemen Wegen durch typisch mallorquinische Kulturlandschaft und bietet fantastische Ausblicke über den gesamten Süden der Insel.

Ausgangspunkt: Parkplatz beim Landgasthof Es Verger oberhalb von Alaró. Die Weiterfahrt mit dem Auto zum Parkplatz an der Pla des Pouet ergibt nur Sinn, wenn man nur von dort zur Festung und wieder zurück wandern möchte (Kurzvariante) (Navi: Camino del Castillo de Alaró, s/n, 07340 Alaró).

Anfahrt: Vom Stadtzentrum von Alaró aus gibt es bereits Wegweiser mit der Aufschrift »Castell«. Erst folgt man der Nebenstraße Richtung Orient, dann biegt man links ab und fährt auf einer sehr schmalen Zufahrtsstraße zwischen Steinmauern durch Olivenhaine in zahllosen Serpentinen hinauf zum Ausgangspunkt.

Kein öffentliches Verkehrsmittel.

Anforderungen: Anspruchslose Runde auf Schotterstraßen und gut ausgebauten Pflasterwegen, die aber bei Nässe sehr rutschig sein können.

Ausrüstung: Bei trockenem Wetter sind leichte Wanderschuhe oder Sportschuhe ausreichend, bei Nässe unbedingt Schuhe mit griffiger Sohle tragen. Sonnen- und Regenschutz, Proviant, Trinkwasser.

Einkehr: Landgasthof Es Verger am Ausgangspunkt, Bar im Castell d'Alaró.

Vom **Parkplatz** ➊ unterhalb des Ausflugslokals **Es Verger** gehen wir die wenigen Meter hinauf zu diesem und folgen weiter dem schmalen Sträßchen, auf dem schon bald nur mehr spärliche Reste von Asphalt erkennbar sind. Es biegt sich nach wenigen Metern scharf rechts in den Wald hinauf und führt dann immer abwechselnd sonnig, dann wieder schattig in mehreren Serpentinen aufwärts. An einigen Stellen lassen sich die Kehren auf steileren Fußpfaden abkürzen, was anstrengend ist und kaum Zeit spart. Nach insgesamt zwei Kilometern endet die

Die Mauern der Burg stehen direkt am Abgrund.

Straße an einem weiteren Parkplatz am Bergsattel **Pla des Pouet** ❷. Von hier folgt man einem mit einem Fahrverbotsschild gekennzeichneten Pflasterweg halb rechts bergauf. Links oberhalb sind schon die Mauern der Festung, rechts unterhalb der Parkplatz am Ausgangspunkt sichtbar, und man genießt auch schon einen weiten Blick über die zentrale Ebene von Mallorca. Nach etwa zehn Minuten geht es kurz wieder bergab, immer entlang des steilen Felsenhanges. Wir gelangen zu einer **Abzweigung** ❸, an der wir uns links bergauf wenden und so in wenigen Minuten hintereinander zwei Burgtore durchschreiten. Das innere davon führt durch einen gut erhaltenen Torturm auf ein Plateau, das zur Rechten von einer hohen Mauer mit einem weiteren Turm, zur Linken von einer steinernen Brüstung am Rand eines senkrechten Abgrundes gesäumt ist.

Wir halten uns weiter leicht bergauf und kommen so auf einem Zickzackweg hinauf zu einem weitläufigen Gebäudekomplex mit einer schönen Kapelle, einer Bar und Rastbänken im Schatten hoher Bäume. Von hier kann man in einer knappen Minute noch zum höchsten Punkt des Tafelberges, der Steinsäule am Gipfel des **Puig d'Alaró** ❹ hinaufsteigen, von wo sich abermals ein fantastischer Rundblick bietet.

Der Abstieg erfolgt zunächst am bekannten Weg zurück bis zur **Abzweigung** ❸. An dieser gehen wir nun geradeaus weiter in Richtung Alaró und steigen auf einem gepflasterten Weg im Zickzack über einen felsigen Hang bergab, bis wir auf die Zufahrtsstraße treffen. Auf dieser gehen wir rechts in wenigen Minuten die letzten 500 Meter zum **Parkplatz** ❶ beim Landgasthof Es Verger.

Der Torturm am Eingang zur Burg.

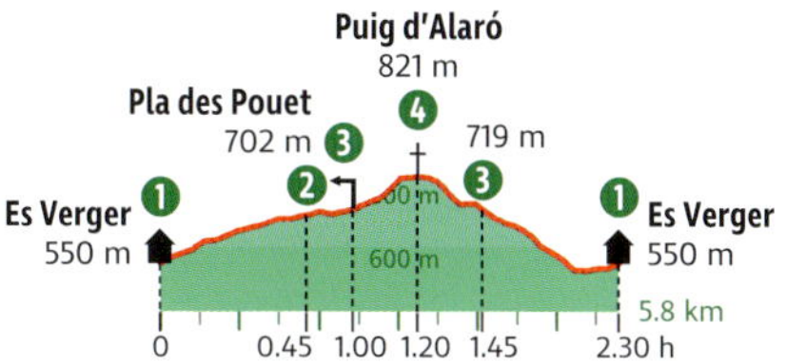

2.00 Std. | 5,3 km | ↗ 70 m | ↘ 70 m | ab 5 Jahren

17 Spaziergang vor traumhafter Bergkulisse

Rund um den Cúber-Stausee

Bequeme Rundwanderung im Herzen des Tramuntana-Gebirges

Eine gemütliche, fast ebene Rundwanderung, bei der sich die ganze Schönheit der Serra de Tramuntana genießen lässt, führt von einem Parkplatz direkt an der Straße Sóller–Lluc rund um den Cúber-Stausee auf rund 750 Meter Höhe. Man sollte sich aber nicht unbedingt den heißesten Tag für die Wanderung aussuchen, denn es gibt wenig Schatten, und Baden im als Trinkwasserreservoir dienenden See ist leider nicht erlaubt. Dafür kann am Rückweg noch der abenteuerliche Tunnel einer Wasserleitung erforscht werden.

Ausgangspunkt: Parkplatz an der Straße Ma-10 direkt beim Cúber-Stausee. Wer hier keinen Platz mehr findet, kann auch 100 m weiter bei einem der weiteren beiden Parkplätze links oder rechts der Straße parken (Navi: N39.787177, E2.797049).
Anfahrt: Aus Richtung Palma kommend fährt man auf der Ma-11 nach Sóller und weiter auf der Ma-10 direkt zum Ausgangspunkt. Aus Richtung Alcúdia oder Pollença nimmt man ebenfalls die Ma-10 und gelangt aus der anderen Richtung ans Ziel. Öffentlich mit der Buslinie 354 Sóller–Can Picafort bis zur Haltestelle Cúber.
Anforderungen: Leichter Spaziergang rund um den See mit kaum nennenswerten Steigungen.
Ausrüstung: Sonnen- und Regenschutz, Proviant, Trinkwasser. Leichte Wanderschuhe oder Trekkingsandalen sind für die Runde um den See ausreichend; wer auch den Tunnel erforschen möchte, braucht unbedingt eine gute Taschen- oder Stirnlampe, da dieser um die 200 m lang ist, und sollte feste Schuhe anziehen, denn im Inneren ist der Boden oft nass.
Einkehr: Keine in der Nähe; die Quelle Font des Noguer beim Rastplatz ist zwar mit einem Schild »Kein Trinkwasser« versehen, die Einheimischen füllen hier aber ihre Kanister.

Vom **Parkplatz ❶** an der Ma-10 gehen wir durch das Metalltor hindurch und folgen kurz dahinter einem Wegweiser des Weitwanderweges GR 221 Richtung Binaraix über einen steinigen, von üppigen Grasbüscheln bewachsenen Hang hinab. Der Weg verläuft nun eben am Nordostufer des Stausees entlang. An dessen Nordspitze weist ein Markierungspflock nach links, und wir kommen auf einen schnurgeraden Dammweg. Im Frühjahr, bei hohem Seepegel, befindet sich zu beiden Seiten Wasser, im Sommer schrumpft der See nach und nach zu einer kleinen Lacke, und das Ufer befindet sich weit zu unserer Linken. Der Damm verläuft nach rechts und quert einen einmündenden **Wasserkanal ❷**, dann folgt der Weg – wie-

Auf dem Dammweg entlang des Nordufers.

der fast schnurgerade – dem felsigen Nordwestufer des Sees.

Wir erreichen das Südwestende des Sees, wo der Weg noch ein Stück weiter durch die karge Landschaft mit Disteln und kleinen Bäumen führt, bevor wir schließlich auf eine breite **Schotterstraße ❸** treffen, auf der wir uns nach links wenden. Der Weg folgt nun dem anderen Seeufer und passiert dabei eine private kleine Schutzhütte, das Refugi de Cúber, vor dem es aber einen schönen Rastplatz mit Tisch und Bänken gibt.

Weiter der Schotterstraße folgend kommen wir zu einer **Staumauer ❹**, die wir überqueren. Auf der anderen Seite beginnt eine Asphaltstraße, die zurück zum Parkplatz führt. Vorerst wollen wir aber noch auf eine kleine Erkundungstour gehen.

Wir folgen dem Weg, der neben einem Trafohäuschen beginnt, in ein enges, felsiges Tal hinein. Nach etwa

Hallo Kinder,

die beiden Stauseen Cúber und Gorg Blau wurden zu Beginn der 1970er-Jahre angelegt, um die Trinkwasserversorgung der Hauptstadt Palma zu sichern. In ihnen wird in den regenreichen Monaten im Frühjahr und Winter das Regenwasser gesammelt, das dann im Sommer zur Verfügung steht. Zusammen haben sie ein Fassungsvermögen von 12 Millionen Kubikmetern Wasser. Damit stand rechnerisch für jeden der damals knapp 250.000 Einwohner von Palma eine Wassermenge zur Verfügung, die der von 50 Badewannen entspricht. Heute reichen die beiden Seen schon lange nicht mehr aus: Die Einwohnerzahl von Palma hat sich verdoppelt, dazu kommen noch Hunderttausende Touristen. Wenn ihr deshalb heute die Wasserleitung im Hotel oder Appartement aufdreht, fließt daraus mit ziemlicher Sicherheit kein Wasser aus einem der beiden Stauseen, sondern entsalztes Meerwasser.

Über dem See thront die Radarstation am Puig Major.

200 Metern zweigt ein Pfad rechts bergab ab, der zum Beginn eines langen Tunnels führt, durch den die Betonrohre einer Wasserleitung verlaufen. Diesen kann man nun ein Stück weit oder auch bis zum Ende erforschen, wo sich der Blick in die wilde, felsige Schlucht des Torrent d'Almadra öffnet. Wer einen Ausblick in dieses Tal erhaschen möchte, ohne sich durch den Tunnel zu trauen, kann auch auf dem Wanderweg leicht bergauf bis zum kleinen Sattel Pas de Sa Foradada gehen.
Wir kehren zur **Staumauer ④** zurück und legen das letzte Stück bis zum **Parkplatz ①** auf der Asphaltstraße zurück.
Wer jetzt noch nicht zu müde ist, kann noch einen Abstecher zum Rastplatz bei der Quelle Font des Noguer machen. Dazu folgt man dem Weitwanderweg GR 221 in die andere Richtung, also parallel zur Straße hinter einem Zaun nordostwärts. Man gelangt zu einem weiteren Parkplatz (alternativer Ausgangspunkt, wenn direkt beim Stausee alle Parkplätze besetzt sind). Hier befindet sich auch ein WC, und auf der Nordseite des Parkplatzes führt ein Weg in den Wald hinein zu mehreren Rastbänken und zur Quelle **Font des Noguer ⑤**, wo man sich im Gegensatz zu der praktisch ausschließlich in der Sonne verlaufenden Seerunde im Schatten erholen kann. Zurück zum **Parkplatz ①** auf demselben Weg.

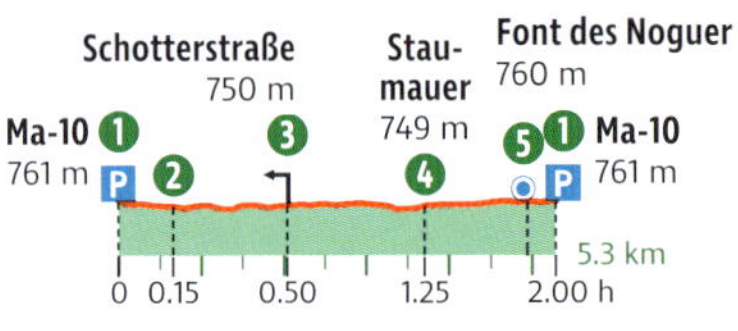

ab 8 Jahren | 1.30 Std. | 2,1 km | ↗ 250 m | ↘ 250m

18

Kletterpartie mit Aussicht

Wanderung zur Talaia de sa Mola de Tuent

Auf abenteuerlichen Wegen zum Piratenausguck

Rund um die Insel Mallorca finden sich auf zahllosen Bergrücken und Gipfeln hoch über der Küste Wachtürme, von denen aus man nach den Schiffen von Piraten Ausschau gehalten hat, denn über Jahrhunderte waren die Seeräuber eine der größten Bedrohungen für die ansässige Bevölkerung. Solche Türme sind das Ziel mehrerer Touren in diesem Führer, wie die Talaia del Cap Antritxol bei Tour 6, die Talaia de Son Jaumell bei Tour 28 oder die Talaia Nova und Talaia Vella am Cap Vermell bei Tour 29. Der Turm, zu dem wir auf dieser Wanderung gehen, ist jedoch der einzige, den man auch betreten und auf dessen Plattform man hinaufklettern kann. Dafür lohnt sich der anstrengende, abenteuerliche Aufstieg auf jeden Fall, und zur Belohnung wartet am Ende des Tages einer der schönsten Strände an der Nordküste Mallorcas, die Cala Tuent.

Ausgangspunkt: Parkplatz und Aussichtspunkt bei der Església de Sant Llorenç an der Ma-2141 (Navi: N39.842289, E2.787616).

Anfahrt: Aus Richtung Palma kommend fährt man auf der Ma-11 nach Sóller und weiter auf der Ma-10 Richtung Sa Calobra. Beim Parkplatz Els Arcs (Imbiss- und Souvenirstand, direkt vor einem die Straße überspannenden Aquädukt) biegt man auf die Ma-2141 Richtung Sa Calobra und Cala Tuent ab. 10,5 km weiter gabelt sich die Straße, hier links Richtung Cala Tuent halten. Auf der nächsten Passhöhe nach 1,3 km befindet sich der Ausgangspunkt. Aus Richtung Alcúdia oder Pollença nimmt man ebenfalls die Ma-10 und gelangt aus der anderen Richtung zur Abzweigung beim Aquädukt.
Kein öffentliches Verkehrsmittel.

Anforderungen: Diese Tour sollte nur mit trittsicheren und bergerfahrenen Kindern unternommen werden, da es eine etwas ausgesetzte, mit einem Stahlseil gesicherte Stelle gibt. Auch der Aufstieg auf den Turm erfordert Schwindelfreiheit, da man außen über Eisentritte zu einer Türöffnung in 5 Metern Höhe klettern muss.

Ausrüstung: Festes Schuhwerk, Sonnen- und Regenschutz, Proviant, ausreichend Trinkwasser. Badesachen, wenn man nach der Wanderung noch zur Cala Tuent möchte.

Einkehr: Unterwegs keine. Restaurant Es Vergeret an der Cala Tuent oder Lokale in Sa Calobra.

Die »Schlüsselstelle« am Aufstieg zum Turm.

Abenteuerlicher Einstieg in den alten Turm.

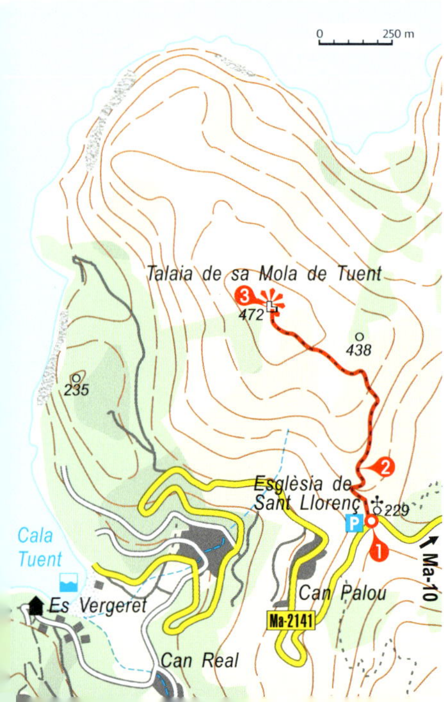

Unser Weg beginnt bei der kleinen Kirche **Esglèsia de Sant Llorenç** ❶ am Coll de Sant Llorenç in der Nähe von Sa Calobra. Links von der Kirche und einige Meter hinter dieser beginnt – nicht leicht zu finden – ein steiniger Fußpfad bergauf. Nach einer ausgesetzten Passage, wo die Felsen links neben dem Weg steil abfallen, kommen wir zu einer **senkrechten Stelle** ❷, die man mit Hilfe von drei Eisenklammern überwindet; gleich anschließend ist ein Stahlseil zur Sicherung gespannt. Trotz Steinmännchen und verknoteter Grasbüschel als Orientierungshilfe muss man zum Teil sehr genau schauen, um den Pfad zu erkennen. Durch Dornenbüsche und hohes, trockenes Gras steigen wir auf einen Hügel an, von dem man schon die **Talaia de sa Mola de Tuent** ❸ sieht. Unterhalb des Turms liegen eine Kapelle und ein – unbewohntes – Haus. In den Turm gelangt man nur, wenn man über Eisenklammern zu einer Öffnung in zirka fünf Metern Höhe klettert. Man kommt in einen Raum mit Kamin, von dem aus man – diesmal innerhalb des Turms – über Eisenklammern durch eine Luke auf die Plattform steigen kann. Auf dieser steht neben einer Steinsäule eine Kanone, ein Relikt aus dem 16. und 17. Jahrhundert, als der Turm zur Verteidigung gegen Piraten diente.

Der Rückweg ist mit dem Hinweg identisch, bietet aber wieder ganz neue Ausblicke auf den Hauptkamm der Serra de Tramuntana.

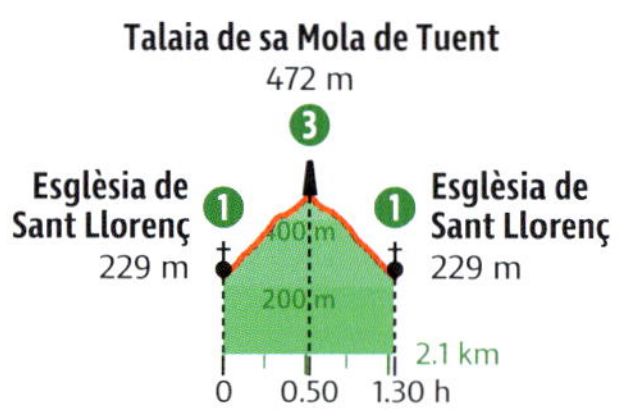

Keine Piraten weit und breit in Sicht!

Badetipp: Cala Tuent

Nach der Wanderung bietet es sich an, noch die restlichen 3,3 Kilometer auf der Straße hinunter zur Cala Tuent zu fahren, die – wohl aufgrund der langen, beschwerlichen Anfahrt – selten überlaufen ist und als einer der einsamsten Strände Mallorcas gilt. Am linken Rand der Kiesbucht liegt etwas oberhalb am Berghang auch ein Restaurant mit schöner Terrasse. Am Strand selbst gibt es weder Toiletten noch Umkleiden.

2.00 Std. | 4,6 km | ↗ 50 m | ↘ 50 m | ab 6 Jahren

19 Die tiefste Schlucht Mallorcas

Auf Erkundungstour durch den Torrent de Pareis

Ein einzigartiges Naturdenkmal bei Sa Calobra

Eines der spektakulärsten Naturdenkmäler Mallorcas ist die Schlucht des nur periodisch Wasser führenden Baches Torrent de Pareis an der Nordküste der Insel. Stellenweise rücken die bis zu 200 Meter hohen Felswände bis auf wenige Meter zusammen. Den Canyon auf seiner gesamten Länge zu durchwandern wäre eine 5- bis 6-stündige, schwere Tour. Man kann aber auch bequem und gefahrlos vom unteren Ende her ein Stück in die Schlucht hineinwandern, um einen Eindruck von ihr zu bekommen; außerdem bietet sich danach ein Badestopp am schön gelegenen, aber leider sehr stark frequentierten Strand Platja de Torrent de Pareis an.

Ausgangspunkt: Parkplatz hinter der Bar Torrent de Pareis in Sa Calobra (Navi: Carrer Port de Sa Calobra, 23B, 07315 Port de Sa Calobra).

Anfahrt: Aus Richtung Palma kommend auf der Ma-11 nach Sóller und weiter auf der Ma-10 Richtung Sa Calobra. Beim Parkplatz Els Arcs (Imbiss- und Souvenirstand, direkt vor einem die Straße überspannenden Aquädukt) biegt man auf die Ma-2141 Richtung Sa Calobra und Cala Tuent ab. An der Gabelung nach 10,5 km rechts in Richtung Cala Tuent halten. Aus Richtung Alcúdia oder Pollença nimmt man die Ma-10 und gelangt aus der anderen Richtung zur Abzweigung beim Aquädukt. Keine ernstzunehmende Busverbindung (nur einmal am Tag). Die Anfahrt von Port de Sóller mit dem Schiff ist teuer (30 € Erwachsene / 20 € Kinder) und man kommt genau dann an, wenn der Ort am meisten überlaufen ist.

Anforderungen: Anspruchsvollere Wanderung mit ein paar Stellen, an denen man über Felsen kraxeln muss, allerdings kann auch jederzeit vor diesen umgekehrt werden. Beim untersten Teil der Schlucht handelt es sich um einen gemütlichen Spaziergang.

Ausrüstung: Festes Schuhwerk, Sonnen- und Regenschutz, Proviant, Trinkwasser, eventuell Badesachen.

Kosten: Parkgebühr 5 Cent pro Minute (Parkautomat).

Einkehr: Unterwegs keine. Zahlreiche Möglichkeiten in Sa Calobra. Der Ort hat nicht ganz zu Unrecht den Ruf einer überteuerten Touristenfalle. Wenn gerade ein Ausflugsboot angekommen ist, kann es schwer sein, einen Platz in einem der Lokale zu finden.

Bademöglichkeit: Die Platja de Torrent de Pareis ist ein wahrer Traumstrand – allerdings ist dieser nur etwa 30 Meter breit, sodass er sehr schnell komplett überlaufen ist. Erst wenn die meisten Ausflugsboote gegen 16.30 Uhr abgefahren sind, kehrt allmählich Ruhe ein.

Tipp: Die Tour sollte man so früh wie möglich am Vormittag beginnen oder aber bis zum späteren Nachmittag warten, nicht nur, weil der Ort dann weniger überlaufen ist, sondern auch, weil man sich dadurch die Begegnungen mit großen Reisebussen auf der schmalen Gebirgsstraße erspart.

Wandern zwischen senkrechten Felswänden.

Idyllischer Tümpel am Anfang der Schlucht.

Vom Parkplatz in **Sa Calobra ❶** geht man etwa 150 m die Straße hinunter zu einer Strandpromenade, auf der man sich nach rechts wendet und an mehreren Restaurants vorbeispaziert. Am Straßenende schließt sich ein schmaler, asphaltierter Fußweg an, der mit Geländer gesichert entlang der Steilküste zu einer Reihe von engen Fußgängertunnels führt (keine Taschenlampe nötig, in den Boden sind Lampen eingelassen) . Durch diese kommt man zum Beginn der Schlucht mit dem von stei-

Hallo Kinder,

ein Erlebnis für sich ist schon die Anfahrt nach Sa Calobra. Sie führt über eine vom mallorquinischen Straßenbauingenieur Antonio Paretti (1899–1979) geplante 12,5 Kilometer lange Serpentinenstraße, die 1932 nach mehrjähriger Bauzeit eröffnet wurde. Sie gilt als eine der spektakulärsten Bergstraßen Mallorcas und bietet grandiose Ausblicke auf die umliegende Felslandschaft. Mit insgesamt 12 Serpentinen und zahllosen weiteren Kurven wird ein Höhenunterschied von rund 800 Metern überwunden. Beim Aussichtspunkt Mirador Coll dels Reis findet sich eine Konstruktion, die man hin und wieder bei Eisenbahnen, aber kaum bei Straßen antrifft: eine 270-Grad-Kehre, bei der die Straße als Brücke über sich selbst hinwegführt, der sogenannte Nus de sa Corbata, der »Krawattenknoten«. Obwohl für den Bau der Straße 31 000 Kubikmeter Fels bewegt werden mussten, wurde sie sozusagen »von Hand gebaut«, es kamen keine Maschinen zum Einsatz. Sie gilt bis heute als Meisterwerk der Straßenbaukunst.

len Felsen eingefassten Strand **Platja de Torrent de Pareis** ❷.

Wir gehen weiter in die pittoreske Schlucht hinein. Am Anfang ist diese noch recht breit; wir passieren je nach Wasserstand mehr oder weniger große Tümpel mit Fischen und Fröschen, dann erreichen wir eine erste Engstelle, wo ein großer Felsblock umgangen werden muss. Der Großteil des Wegs ist praktisch eben, dazwischen gibt es immer wieder kurze Kletterpartien über große Felsblöcke. Je weiter man ins Innere der Schlucht vordringt, desto seltener begegnen einem Menschen – dafür kann es durchaus zur Begegnung mit verwilderten Ziegen kommen, und mit etwas Glück kann man hoch am Himmel kreisende Raubvögel beobachten.

Wir kommen an einer Stelle vorbei, an der Wasser von den moosbewachsenen Felsen nach unten tropft. Kurz darauf versperrt ein riesiger **Felsen** ❸ den Weg, der nur von Geübten durch Klettern überwunden werden kann. Spätestens hier kehren wir um und gehen auf demselben Weg zurück, wobei sich aus der anderen Richtung wieder ganz neue atemberaubende Blicke auf die Felslandschaft ergeben.

Im untersten Teil der Schlucht gibt es auch im Sommer noch etwas Wasser.

20

3.30 Std. | 9,4 km | ↗ 250 m | ↘ 250 m | ab 6 Jahren

Wilde Felsen und ein heiliger Ort

Rundwanderung beim Kloster Lluc

Natur und Kultur in der zentralen Tramuntana

Das Santuari de Santa Maria de Lluc gilt als spirituelles Zentrum von Mallorca. Das im 13. Jahrhundert gegründete Kloster ist sowieso einen Besuch wert, aber es gibt auch eine sehr schöne und abwechslungsreiche, auch für Kinder geeignete Runde, die man von hier aus gehen kann. Dabei kommt man nicht nur an einem alten Kalkbrennofen, einer 500 Jahre alten Eiche und schönen Rastplätzen vorbei, sondern auch an einer bizarren Felsformation, die unwillkürlich an ein versteinertes Kamel erinnert.

Ausgangspunkt: Kostenpflichtiger Parkplatz beim Kloster Lluc (Navi: Santuari de Lluc, 07315, 07315 Lluc). Wer sich die Parkgebühr beim Kloster sparen möchte, der kann die Rundwanderung auch bei einem der beiden Picknickplätze an der Ma-10 (Rastplatz Es Pixarells oder Menut I) beginnen.
Anfahrt: Auf der Autobahn Ma-13 bis zur Abfahrt 27, dort Richtung Inca fahren. Ab dem zweiten Kreisverkehr ist Lluc bereits ausgeschildert. Man folgt der Ma-2130 durch die Berge, bis diese auf die Ma-10 trifft, hält sich dort rechts und erreicht 1 km weiter die Zufahrtsstraße zum Kloster. Wer die Tour an einem der Rastplätze beginnen möchte, fährt noch 2 bzw. 3 km weiter auf der Ma-10 Richtung Pollença.
Öffentlich erreichbar ist das Kloster mit den Buslinien 330 ab Inca, 354 ab Sóller oder 354 und 355 ab Alcúdia.
Anforderungen: Längere Runde auf großteils breiten Schotterwegen mit kurzen schmäleren und steinigen Abschnitten.
Ausrüstung: Festes Schuhwerk, Sonnen- und Regenschutz, Proviant, ausreichend Trinkwasser.
Einkehr: Unterwegs keine. Gasthaus in der Nähe des Parkplatzes und Restaurant im Kloster Lluc.
Informationen: Tel. +34 971 871525, www.lluc.net/de

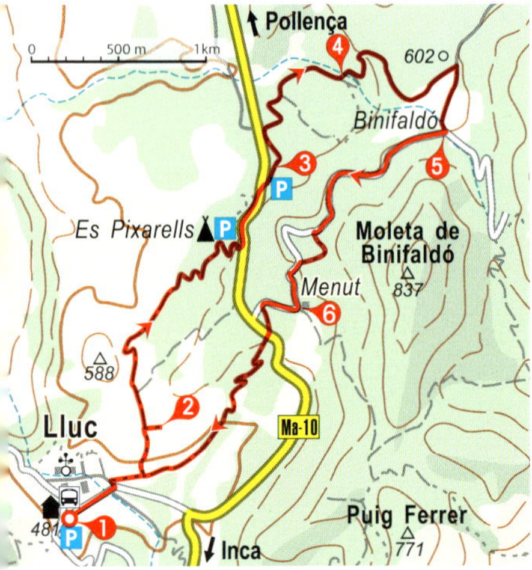

Vom Parkplatz des **Klosters Lluc** ❶ geht man neben der Straße etwa 250 m auf dem Gehsteig zurück. Wo dieser endet, an der Einmündung eines Schotterweges von links, geht man auf diesem wenige Schritte bis zu einer Infotafel und nimmt dort einen Fahrweg nach rechts, auf dem man zu einem Fußballplatz gelangt. Diesen quert man bis zu einem Durchlass links, durch den man zu einem Steg kommt. Hier folgt man dem Wegweiser Richtung Menut und Es Camell über die kleine Brücke.
Direkt hinter dieser beginnt ein Pfad mit Stufen, der durch eine schroffe Karstlandschaft steil bergauf führt.

Gestatten, ich bin das Kamel.

Nach zirka zehn Minuten folgt man bei den Überresten eines Köhlerplatzes dem Wegweiser nach rechts zur Felsformation **Es Camell 2**.
Nach diesem Abstecher kehren wir zur letzten Abzweigung zurück und gehen nach rechts. Der Weg wird flacher und trifft nach rund zehn Minuten auf eine breite Schotterstraße, der man nach links auf dem Weg Nummer 5 folgt (nach rechts führt Weg 4). Es geht kurz bergauf, dann in Serpentinen bergab durch eine Karstlandschaft. Man kommt in ein Tal mit hohem Gras und vereinzelten Bäumen, rechts ragen steile Felswände auf. Danach steigt der Weg zwischen schroffen Karstfelsen in Serpentinen steil an. Wo sich der Weg nach rechts biegt, liegt links ein Zeltplatz. Auf Asphalt geht es bergauf zu einem Rastplatz mit gefasster Quelle, von dem aus bereits die Straße Ma-10 oberhalb sichtbar ist.

Der Eingang zum Kloster von Lluc.

Wir gehen zu dieser hinauf und folgen ihr nach links. Theoretisch könnte man auch auf einem Fußpfad parallel dazu im Wald gehen, doch dieser ist im Labyrinth aus Steinen schwer zu finden und auch nur sehr undeutlich markiert (in Sichtweite der Straße).
Nach 350 Metern ist auf der rechten Seite die Einfahrt zum Rastplatz

Der Wanderweg ist durchgehend gut beschildert.

Menut ❸ mit Tischen und Bänken, Wasserstelle (aber laut Schild kein Trinkwasser), Grillplätzen, WC-Häuschen und einem kleinen Spielplatz. Hinter dem Toilettenhäuschen führt unser Weg über eine Stiege zur unteren Ebene des Rastplatzes (mit einer weiteren Wasserstelle) und als Waldweg gleich zu einer Sperrkette und einem Durchlass unter der Straße. Wir bleiben aber rechts der Straße und treffen auf eine breite Schotterstraße, der wir nach rechts folgen. Sie verläuft mit kurzen asphaltierten Abschnitten in leichtem Auf und Ab in Richtung des vor uns aufragenden Gipfels Puig Tomir.

Wir kommen zu einer – geschlossenen – **Schutzhütte** ❹ mit einer Rastbank davor und wenige Meter weiter zu einer nicht immer Wasser führenden Quelle. Ab hier geht es steiler bergauf. Zu beiden Seiten des Weges ragen immer wieder kalkweiße Karstfelsen in die Höhe. Wir treffen auf eine Schotterstraße, die als Weitwanderweg GR 221 ausgeschildert ist. Diese gehen wir nach rechts. Neben dem Weg stehen Info-Tafeln.

Unser Weg führt an einer großen,

Hallo Kinder,

rund um die Entstehung des Santuari de Santa Maria de Lluc rankt sich eine Legende: Angeblich lebte hier im 13. Jahrhundert ein maurischer Hirtenjunge namens Lluc – das ist die katalanische Form des Namens Lukas –, dessen Eltern zum Christentum übergetreten waren. Eines Tages entdeckte Lluc an einem Bach eine Marienstatue. Er brachte sie ins nächstgelegene Dorf, nach Escorca, wo sie in der Kirche aufgestellt wurde. Doch am nächsten Morgen war sie auf mysteriöse Weise verschwunden. Man suchte danach und entdeckte sie genau an der Stelle, an der der Hirtenjunge sie am Tag zuvor gefunden hatte. Obwohl das den Dorfbewohnern unheimlich war, brachten sie die Statue neuerlich in ihr Dorf in die Kirche. Doch die Marienstatue war sehr hartnäckig – wieder wollte sie nicht in Escorca bleiben und verschwand abermals wie durch ein Wunder, um neuerlich am Bach einige Kilometer entfernt aufzutauchen. Also gaben sich die Leute geschlagen und der Pfarrer des Dorfes ließ eine Kapelle errichten, die im Lauf der Jahrhunderte immer weiter vergrößert, umgebaut und erweitert wurde, bis das heutige Klosterareal von Lluc entstanden war.

Die über 500 Jahre alte Eiche am Wegrand.

500 Jahre alten Steineiche vorbei, dann geht es eben bis zu einer T-Kreuzung (mit Orientierungstafel) beim Bildungszentrum **Binifaldó** ❺. Hier folgen wir nicht dem Wegweiser zum Kloster Lluc nach links, sondern gehen den kürzeren – asphaltierten – Weg nach rechts. Neben dem Weg liegt gleich ein Wassersammelbecken. Wir wandern leicht bergauf und bergab, nehmen bei einer Serpentine eine Abkürzung nach links und kommen zum **Forsthaus Menut** ❻. Nach diesem liegt links des Weges ein Kreuz, rechts gegenüber ein Kalkbrennofen. Zirka 100 Meter weiter verlassen wir den Asphalt nach links auf einem Wanderweg und kreuzen die Ma-10 (auf der anderen Straßenseite ist ein Überstieg). Auf einer Schotterstraße geht es bergab ins Tal zur Abzweigung beim bekannten Holzsteg, über den wir auf dem Hinweg gegangen sind. Ab hier geht es quer über den Fußballplatz und auf dem bekannten Weg zurück zum **Kloster Lluc** ❶. Wer das Kloster selbst noch nicht besichtigt hat, kann dies nun im Anschluss an die Wanderung tun. Durch eine parkartige Anlage mit Springbrunnen geht es zum Eingang. Im Kloster gibt es eine Info zum Kloster und der dortigen Übernachtungsmöglichkeit in der Pilgerherberge, einen kostenlosen Kinderspielbereich und ein Restaurant. Hinter dem Kloster liegt ein kleiner Hügel mit einem Kreuz, zu dem man hinaufsteigen und die Aussicht genießen kann. Auch den Besuch des kleinen, aber sehr gepflegten botanischen Gartens sollte man sich nicht entgehen lassen.

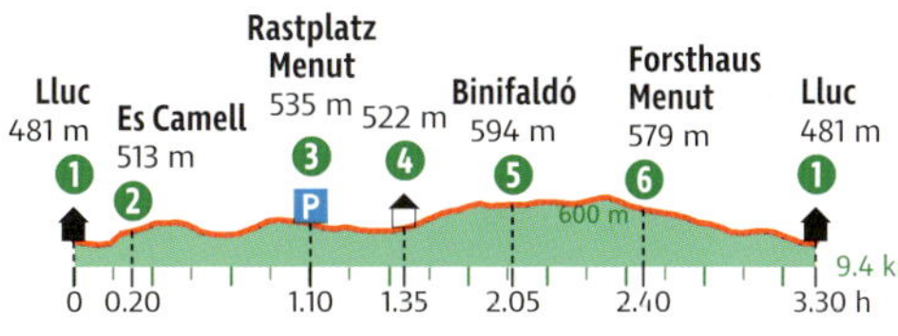

1.30 Std. | 4,5 km | ↗ 50 m | ↘ 50 m | ab 5 Jahren

21 Magische Quellen und eine Höhle

Ses Fontes Ufanes und Coves de Campanet

Waldwanderung auf der Finca Gabelli bei Campanet

In der Nähe des Dorfes Campanet gibt es ein auf Mallorca einzigartiges hydrologisches Phänomen, die Fontes Ufanes. Nach stärkeren Regenfällen steigt der Grundwasserspiegel so stark an, dass an zahllosen Stellen mitten im Wald Wasser aus dem Boden sprudelt. An solchen Tagen strömen Besucher von überall auf der Insel herbei, um sich das Naturschauspiel anzusehen. Aber auch, wenn die Quellen nicht sprudeln: Wenn man sowieso hierher kommt, um die Tropfsteinhöhle zu besichtigen, sollte man sich auch die bequeme und großteils schattige Wanderung nicht entgehen lassen.

Ausgangspunkt: Parkplatz bei der Tropfsteinhöhle Coves de Campanet (Navi: N39.792152, E2.9683459).
Anfahrt: Die Ses Fontes und die Coves de Campanet sind bereits ab der Ma-13, Autobahnausfahrt 37, gut ausgeschildert. Kein öffentliches Verkehrsmittel.
Anforderungen: Gemütlicher Spaziergang auf breiten Schotter- und Waldwegen.
Ausrüstung: Leichte Wanderschuhe oder Trekkingsandalen, ausreichend

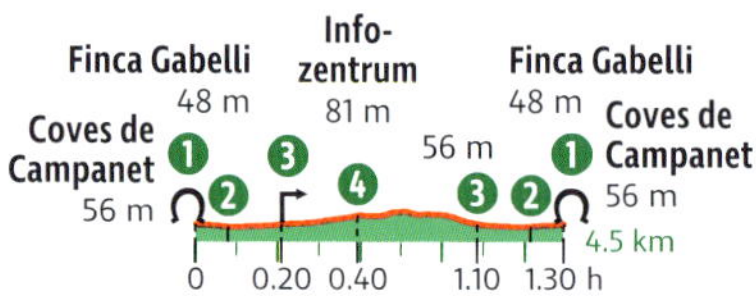

Trinkwasser, Sonnen- und Regenschutz.
Gehzeit: 1.30 Std. für den Rundweg, Höhlenbesichtigung 40 Min.
Einkehr: Gemütliches Gasthaus direkt beim Eingang der Höhle.

Vom Parkplatz bei der Tropfsteinhöhle **Coves de Campanet** ❶ gehen wir etwa 300 Meter die Straße zurück, die wir gekommen sind, wenden uns dann nach links und gehen noch etwa 50 Meter zum Einfahrtstor der **Finca Gabelli** ❷.

Rechts neben dem Gittertor gibt es einen Durchgang für Fußgänger. Wir gehen über Stufen hinunter zu einer Infotafel und nehmen den darauf eingezeichneten Weg nach rechts. Zuerst spenden Bäume rechts von unserer Schotterstraße ein bisschen Schatten; links sind Felder, dann zu beiden Seiten. Wir kommen zu einer **Abzweigung** ❸, an der es eine hölzerne Box mit Info-Blättern gibt, und nehmen den rechten Weg. Ein Stück weiter kommen wir in den Wald. Wir passieren Bachbetten, die normalerweise ausgetrocknet sind, wenn nicht gerade die Quellen sprudeln,

Rechts oben: Ehemalige Köhlerhütte. Links: Box mit Infomaterial an der Abzweigung.

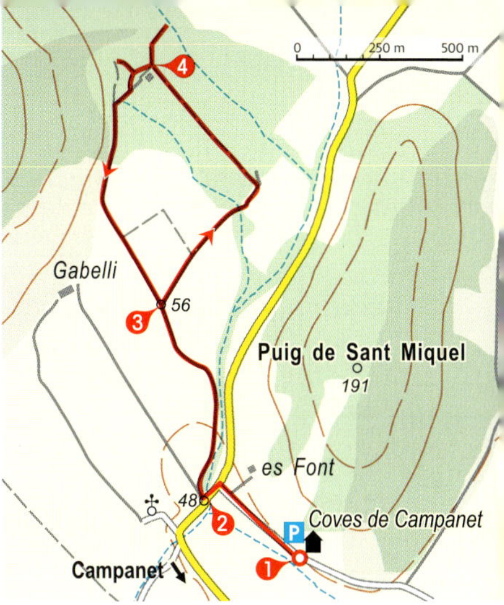

was nur an wenigen Tagen im Jahr der Fall ist.
Nach wenigen Minuten kommen wir zu einem (meist geschlossenen) **Infozentrum ❹**, bei dem zwei Stichwege abzweigen. Einer davon führt an ein Bachbett und passiert dabei die eindrucksvollen Mauerreste eines aus riesigen Steinen errichteten Gebäudes. Dann gehen wir vom Infozentrum vorbei an einer rekonstruierten Köhlerhütte (der deutsche Text auf der zugehörigen Info-Tafel trägt irrtümlich die Überschrift »Fischadler«, was meist für Heiterkeit sorgt). Ein Stück weiter verlassen wir den Wald und treffen bei der **Abzweigung ❸** wieder auf unseren Hinweg. Von hier gehen wir auf dem bekannten Weg zum Tor der **Finca Gabelli ❷** und auf der Straße zurück zu den **Coves de Campanet ❶**.

Coves de Campanet

Die Höhlen von Campanet sind mit Sicherheit die am wenigsten touristischen, unverfälschtesten und naturbelassensten unter den fünf Schauhöhlen der Insel. Auf spektakuläre Licht- und Tonshows wird hier völlig verzichtet, die Besucher können die natürliche Schönheit der bezaubernden Tropfsteinformationen auf sich wirken lassen. Die Beleuchtung ist dezent, aber dennoch stimmungsvoll. Fotografieren ist in der Höhle nicht gestattet. Die Führungen dauern etwa 40 Minuten und finden in relativ kleinen Gruppen statt. Im Inneren hat es ganzjährig angenehme 22 bis 23 Grad. Eine Besonderheit sind die nur wenige Millimeter starken Tropfsteine, die »Spaghetti« genannt werden. In der Höhle von Campanet gibt es das mit 4,5 Meter längste »Spaghetti« in ganz Europa. Die Wartezeit bis zum Beginn der Führung lässt sich sehr angenehm in dem kleinen Restaurant mit schöner Aussichtsterrasse verbringen.
Öffnungszeiten: Täglich von 10 bis 17.30 Uhr, im Sommer bis 18.30 Uhr.
Kosten: Eintritt pro Person 15 €, Kinder von 3–12 Jahren 8 €.
Informationen: Tel. +34 971 516130, www.covesdecampanet.com

22

2.30 Std. | 4,7 km | ↗ 300 m | ↘ 300 m | ab 6 Jahren

Der Klosterberg im Norden

Aufstieg auf den Puig de Maria bei Pollença

Wanderung zum Kloster Ermita Mare de Déu

Das der Muttergottes geweihte ehemalige Kloster Santuari de la Mare de Déu del Puig am Gipfel des 325 Meter hohen Puig de Maria ist einer der schönsten Aussichtspunkte weit und breit. Die felsigen Gipfel der Tramuntana scheinen zum Greifen nahe, die Stadt Pollença liegt einem zu Füßen, und der Blick reicht in die Ferne bis zum Kap Formentor, zur Halbinsel von Alcúdia und zu den beiden Buchten von Pollença und Alcúdia. Das im 14. Jahrhundert gegründete frühere Nonnenkloster dient heute als Pilgerherberge, und es gibt auch ein kleines Café, in dem man einkehren kann.

Ausgangspunkt: Parkplatz am Stadtrand von Pollença (Navi: Carrer de Cecili Metel, 71, 07460 Pollença). Wer die Auffahrt über eine steile Teerstraße mit sehr engen Kurven nicht scheut, kann noch etwa 70 Höhenmeter mit dem Auto hinauf zu einem kleinen Parkplatz fahren, der in einer Linkskurve geradeaus liegt. Der Versuchung, mit dem Auto noch weiter hinaufzufahren, sollte man widerstehen, denn zum einen gibt es weiter oben keine Parkplätze und zweitens kaum Umkehrmöglichkeiten.

Anfahrt: Von Palma kommend auf der Ma-13 bis Ausfahrt 13, dort Richtung Pollença fahren. Nach 9,5 km links ins Zentrum von Pollença abzweigen. Bei der Repsol-Tankstelle rechts auf den Parkplatz. Zum oberen Parkplatz gelangt man, indem man nicht ins Zentrum fährt, sondern auf der Ma-2200 bleibt. Kurz vor km 52 rechts bei einer Orientierungstafel dem lila Wegweiser zum Puig de Maria folgen.
Öffentlich mit Bus 340 ab Palma bzw. Sa Pobla oder Bus 340 oder 345 ab Port de Pollença bis Haltestelle Carrer de Cecili Metel. Von der Haltestelle geht man die Straße 100 m nach Südwesten und biegt dann bei der Tankstelle links zum Parkplatz ab. Etwa 150 m zusätzlich pro Richtung.

Anforderungen: Steiler, aber großteils schattig im Wald verlaufender Aufstieg auf einer Straße, das letzte Stück auf einem Pflasterweg. Ein kurzes Stück am Rückweg verläuft auf einem steinigen Waldweg und erfordert anfangs etwas Orientierungsvermögen, dieser Abschnitt kann aber umgangen werden.

Ausrüstung: Bei trockenem Wetter sind leichte Wanderschuhe oder Sportschuhe ausreichend, bei Nässe unbedingt Schuhe mit griffiger Sohle tragen. Sonnen- und Regenschutz, Proviant, Trinkwasser.

Einkehr: Zahlreiche Lokale in Pollença. Im Kloster gibt es eine kleine Bar mit Erfrischungen.

Der Eingang des Klosters.

Der Großteil des Weges ist mit Steinen gepflastert.

Vom Parkplatz in **Pollença** ❶ geht man auf einem Schotterweg, der im Westen außen um den Parkplatz herumführt, geradewegs auf den Klosterberg zu. Nach wenigen Metern kreuzt man die Ma-2200, an der ein Wanderwegweiser und eine Orientierungstafel stehen. Wir gehen geradeaus auf einer schmalen Asphaltstraße, zunächst noch zwischen Häusern, bergauf. Nach den ersten drei Kehren gelangt man in schattigen Wald, in dem man weiter bergan steigt. Man passiert einen kleinen **Parkplatz** ❷; bis hierher kann man mit dem Auto fahren, wenn man die Tour abkürzen möchte.

Man folgt dem Teersträßchen weiter durch den Wald bergauf und kommt nach insgesamt einer halben Stunde zum **Straßenende** ❸, wo ein Holzwegweiser weiter bergauf zum Puig de Maria (hier mit noch 15 Minuten Gehzeit ausgeschildert) weist. Man geht nun auf einem gut gepflegten, aber von den Füßen unzähliger Pilger glatt geschliffenen und etwas rutschigen Pflasterweg im Zickzack durch lichten Wald.

Nach etwa 300 Metern zweigt links leicht bergab ein schmaler **Fußweg** ❹ ab. Auf diesem kommen wir auf

Die Bucht von Pollença liegt einem zu Füßen.

dem Rückweg. Wir bleiben am Pflasterweg und sehen schon nach der nächsten Wegbiegung über uns das Gebäude der **Ermita Mare de Déu** ❺. Im ehemaligen Kloster kann man die hübsche Kirche sowie mehrere andere Räume besichtigen und sich im Café erfrischen – immer unter Beobachtung der zahlreichen Katzen, die hier zum Inventar zu gehören scheinen.

Wir verlassen den Klosterhof durch einen Torbogen links vom Kirchenportal und gehen außen um das Gelände herum in östlicher Richtung leicht bergab. Schon von Weitem sehen wir die **Mauerreste eines Türmchens** ❻, auf die wir zuhalten und von denen aus sich eine fantastische Aussicht über die Küste im Nordosten und die Halbinsel von Alcúdia bietet.

Zurück zum Ausgangspunkt kann man entweder denselben Weg nehmen und zurück zum Kloster aufsteigen. Das empfiehlt sich, wenn man kein festes Schuhwerk trägt oder sich bei der Orientierung nicht ganz sicher ist. Die braucht man nämlich, um den anfangs nur schwer erkennbaren Fußweg zu finden, der ein Stück oberhalb des Türmchens beginnt, nach rechts bergab verläuft und dann wieder deutlicher sichtbar am Nordhang entlang durch den Wald führt. Der Weg bietet immer wieder einen schönen Blick auf die Stadt Pollença und verläuft über weite Strecken fast eben. Dann steigt er noch einmal kurz an, um bei der vom Hinweg bekannten **Abzweigung** ❹ wieder auf den Pflasterweg zu stoßen. Auf diesem wendet man sich bergab und wandert zurück zum Ende des **Teersträßchens** ❸, zum **Parkplatz** ❷ und zuletzt zum Ausgangspunkt in **Pollença** ❶.

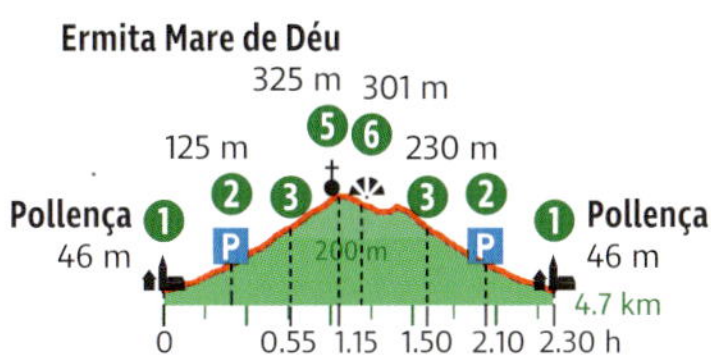

Links: Von außen mutet das Kloster wie eine Festung an.

2.00 Std. | 5,0 km | ↗ 170 m | ↘ 170 m | ab 6 Jahren

Durch das Tal der Zwergpalmen

Durch das Vall de Bóquer zu einem Traumstrand

Wo der frühe Vogel den Wurm fängt

Der Wanderweg durch das Vall de Bóquer bei Port de Pollença ist vor allem bei Vogelkundlern sehr beliebt, allerdings muss man, um hier Tiere beobachten zu können, schon sehr früh aufstehen. Ab dem späteren Vormittag gehört das Tal dann Wanderern und Spaziergängern sowie Badegästen, die den relativ weiten Anmarsch in Kauf nehmen, um sich im klaren Wasser der einsamen, wenig besuchten Bucht Cala Bóquer abzukühlen.

Ausgangspunkt: Parkplatz Vall de Bóquer an der Ma-2200 in Port de Pollença (Navi: Urbanització Boquer I, 07470 Pollença; N39.912749, E3.084071).

Anfahrt: Von Palma kommend auf der Ma-13 und weiter auf der Ma-2200, von Alcúdia kommend auf der Ma-2220 nach Port de Pollença. Beim Kreisverkehr mit der markanten Flugzeug-Skulptur dem braunen Wegweiser »Formentor« folgen. Nach 1,2 km, beim übernächsten Kreisverkehr, die nicht beschilderte dritte Ausfahrt nehmen, die zum geschotterten Parkplatz führt. Wer öffentlich anreist, fährt mit einer der Buslinien zur zentralen Busstation von Port de Pollença und geht von dort 500 m die Umfahrungsstraße entlang bis zum nächsten Kreisverkehr.

Anforderungen: Leichte, aber stellenweise recht steinige Wanderung auf breiten Schotterwegen.

Ausrüstung: Festes Schuhwerk, Sonnen- und Regenschutz, Proviant, ausreichend Trinkwasser. Badesachen mitnehmen!

Einkehr: Unterwegs keine, zahlreiche Lokale in Port de Pollença.

Bademöglichkeit: Am Ziel der Wanderung gibt es einen herrlich gelegenen Kiesstrand mit kristallklarem Wasser, der nur wenig besucht ist, weil er ausschließlich auf dem beschriebenen Weg oder per Boot erreichbar ist.

Hallo Kinder,

wenn ihr auf dieser Wanderung keine Vögel beobachten konntet, könnt ihr euer Glück im Ornithologischen Zentrum »La Gola« versuchen. Es liegt direkt in Port de Pollença an der Einmündung des Torrent de Siller und des Torrent de Gommar ins Meer. Hier hat man rund um einen Brackwassersee einen schönen, ebenen und sogar rollstuhltauglichen Rundweg angelegt, und es gibt auch ein kleines, aber interessantes Besucherzentrum.

Öffnungszeiten: Besucherzentrum von Februar bis November jeweils zu unterschiedlichen Zeiten, siehe Website. Der Rundweg selbst ist ganzjährig frei zugänglich.

Info: Tel. +34 692 644036, www.ctolagola.com/english

Viele Felsen laden unterwegs zum Herumkraxeln ein.

Kristallklares Meerwasser in der Cala Bóquer.

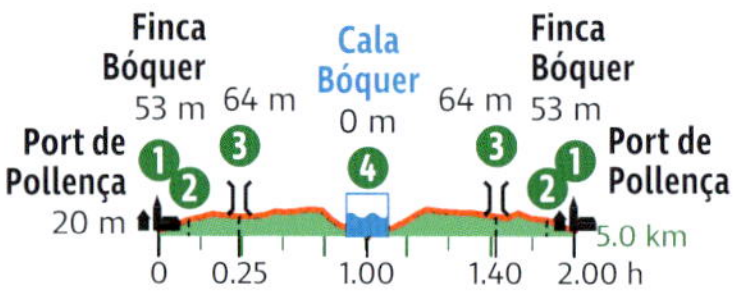

Vom Parkplatz am Stadtrand von **Port de Pollença** ❶ folgen wir dem Wegweiser »Camí de Cala Bóquer« auf Schotter bergauf. Wir kommen zu einem Eisentor, durch das wir hindurchgehen und, vorbei an einem riesigen Gummibaum, zur verlassen daliegenden **Finca Bóquer** ❷ gelangen. Von der Terrasse vor den Gebäuden haben wir einen schönen Blick zurück auf die Stadt und die Meeresbucht.

Wir gehen auf der Nordseite der Terrasse durch ein weiteres Gittertor hindurch und folgen einem breiten Schotterweg zwischen dornigen Büschen und zahllosen zwergwüchsigen Fächerpalmen hindurch zu einem **Bergpass** ❸, an dem sich der Weg zwischen steil aufragenden Felsen hindurchzwängt. Dahinter weitet sich das Tal wieder, und man geht auf breiter Wegspur an dessen Südseite nur mehr leicht ansteigend zwischen den kahlen Berghängen dahin.

Der höchste Punkt des Weges, ein unscheinbarer Sattel, wird überschritten, dann geht es zunächst leicht bergab. Die Wegspur teilt sich mehrfach; wenn man sich hier zu weit rechts hält, gelangt man vorbei an einer schon ziemlich verfallenen Hausruine lediglich zu einem Aussichtspunkt mit Blick über die Bucht, aber nicht zu dieser hinunter.

Man hält sich also eher links und wählt eine der nun wieder steiler bergabführenden zahlreichen Wegspuren – es ist egal, welche davon man nimmt, im Prinzip gelangt man auf allen ans Ziel, zum Kiesstrand in der **Cala Bóquer** ❹.

Für die Rückkehr zum Ausgangspunkt nehmen wir denselben Weg.

ab 5 Jahren | 1.45 Std. | 4,3 km | ↗ 170 m | ↘ 170 m

An der wilden Küste

Zum Kloster Ermita de la Victòria bei Alcúdia

Reizvolle Kurzwanderung mit Bademöglichkeit

Die Halbinsel östlich von Alcúdia bietet Gelegenheit für längere Unternehmungen, aber auch für eine sehr abwechslungsreiche Kurzwanderung zu einem wunderschön gelegenen Kloster, der Ermita de la Victòria, mit Aussichtspunkten und Einkehrmöglichkeit. Während der Hinweg durch schattigen Kiefernwald verläuft, führt der Rückweg an der felsigen Küste entlang und am Ende der Tour lädt eine traumhafte kleine Felsenbucht zur Abkühlung ein.

Ausgangspunkt: Parkplatz »Sa Ferradura« an der Straße von Alcúdia zur Ermita de la Victòria (Navi: N39.870860, E3.154513).

Anfahrt: Vom Zentrum von Alcúdia folgt man den Wegweisern Richtung Bonaire, Manresa und La Victoria. Beim Kreisverkehr die zweite Ausfahrt Richtung La Victoria nehmen. Hinter dem Yachthafen von Bonaire führt die Straße kurz ins Landesinnere; wo man wieder an die Küste gelangt, liegt hinter einer scharfen Rechtskurve eine Brücke über ein Flussbett. Sowohl vor als auch hinter dieser gibt es Parkplätze.

Öffentlich nur im Sommer ca. dreimal täglich mit Bus L356B von Alcúdia bis zur Endstation in Bonaire, von dort auf der Straße am Strand entlang. Zusätzlich 15 Minuten pro Richtung.

Anforderungen: Hinweg auf einem anfangs breiten, nur auf einem kurzen Stück etwas schmäleren und steileren Waldweg, der Rückweg verläuft bequem auf einer kaum befahrenen Straße.

Ausrüstung: Bei trockenem Wetter sind leichte Wanderschuhe oder Sportschuhe ausreichend, bei Nässe unbedingt Schuhe mit griffiger Sohle tragen. Sonnen- und Regenschutz, Proviant, Trinkwasser mitnehmen. Badesachen nicht vergessen!

Einkehr: Restaurant bei der Ermita de la Victoria (montags geschlossen). Am Parkplatz Kiosk mit Getränken, Eis und Snacks. Am Rückweg Imbiss an der Platja de S'Illot.

Bademöglichkeit: Direkt am Ausgangspunkt gibt es eine kleine, von Felsen eingefasste Kiesbucht, die sich nicht nur zum Schwimmen, sondern auch zum Schnorcheln bestens eignet und die nur selten überlaufen ist. Etwas mehr los ist aufgrund der dort vorhandenen Infrastruktur (Strandbar) an der Platja de S'Illot, an der man am Rückweg etwa eine Viertelstunde vor dem Ende der Tour vorbeikommt.

Badebucht am Ausgangspunkt der Tour.

Unmittelbar hinter der Brücke über den **Torrent de Ses Fontanelles** ❶ steht rechts oberhalb der Straße eine Orientierungstafel mit Wanderwegen und eine mit einer Nordic-Walking-Route. Hier folgen wir einem Holzwegweiser zur Ermita de la Victòria durch den lichten Mischwald leicht bergauf. Die Gehzeit ist recht knapp mit 35 Minuten angegeben; Holzpflöcke mit roten Punkten markieren den Weg.
Wir treffen auf die asphaltierte Zufahrtsstraße zu einem Feriencamp. Auf dieser wenden wir uns nach rechts und gehen an einem Gebäude und mehreren Rastbänken vorbei zu einem Zeltplatz, auf dem wieder ein Wegweiser nach rechts zur Ermita weist. Nun geht es fast eben durch den Wald. Bei der nächsten Gabelung, nach etwa 200 Metern, nehmen wir den linken Weg, wieder mit einem Holzwegweiser beschildert.
Es geht noch ein Stück weiter durch lichten Wald und Buschwerk, bis unser beschilderter Weg erneut nach rund 200 Metern links abzweigt ❷.

Am Anstieg zur Ermita de la Victòria.

Der Strand Platja de S'Illot mit dem vorgelagerten Felsen.

Nun gehen wir praktisch eben, teils in der Sonne, teils im spärlichen Schatten entlang des Nordhanges weiter, durchqueren das Tal eines trockenen Baches und steigen dann wieder leicht an. Der Weg ist immer deutlich beschildert; schmale, abzweigende Wegspuren ignorieren wir. Der Wald wird wieder dichter, wir durchqueren abermals ein Tal und steigen auf dessen anderer Seite kurz etwas steiler auf einem steinigen Weg an, um den Parkplatz der **Ermita de la Victòria ❸** zu erreichen. Hier gibt es Einkehrmöglichkeiten, man kann die kleine Kirche besichtigen und den Blick von einem der Aussichtspunkte genießen, der über die gesamte Bucht von Pollença hinüber zur Halbinsel Formentor reicht. Auch einen schattigen Spielplatz gibt es hier.

Für den Rückweg nehmen wir, wenn wir nicht denselben Weg gehen wollen, die Asphaltstraße, die in der nächsten Serpentine an einer aus der Felswand entspringenden, überdachten Quelle vorbeiführt. Wir steigen recht steil bergab und treffen nach etwa 15 Minuten auf eine andere Straße, auf der wir uns entlang eines Zaunes nach links halten. Immer mit schönem Blick auf die Küste und die gegenüberliegende Seite der Bucht von Pollença wandern wir gemütlich weiter bergab und gelangen an die wildromantische **Platja de S'Illot ❹**, an der es auch eine Strandbar gibt. Besondere »Attraktion« des dortigen Strandes ist eine nur 25 Meter vom Land entfernte vorgelagerte Felseninsel, zu der man hinüberschwimmen kann.

Von hier ist es nicht mehr weit zurück zu unserem Ausgangspunkt. Die Straße steigt noch einmal kurz durch Kiefernwald an, dann kommt bereits die Brücke in Sicht, an der wir die Tour begonnen haben. Wir gehen zu dieser bergab und erreichen wieder den **Torrent de Ses Fontanelles ❶**, wo wir uns bei einem Bad im Meer abkühlen können.

Halbtagesausflug

ab 5 Jahren

Die Stadt auf dem Hügel

Stadtbummel durch das historische Alcúdia

Römische Ausgrabungen und mächtige Mauern

Auch wenn der Name der Stadt Alcúdia aus dem Arabischen stammt – »Al Qudia« bedeutet »der Hügel« – liegen die Ursprünge der Siedlung noch viel weiter zurück. Bereits unter den Römern gab es hier eine bedeutende Ansiedlung, die unter dem Namen Pollentia bekannt war. Heute lockt Alcúdia mit seiner weitgehend unverfälschten, von mittelalterlichen Mauern umgebenen Altstadt, aber auch römische Ausgrabungen kann man hier besichtigen.

Anfahrt: Alcúdia ist aus Richtung Palma schnell über die Autobahn Ma-13 erreichbar. Aus Richtung Süden tut man besser daran, einen kleinen Umweg zu machen und die Straße über Santa Margalida und Sa Pobla zu nehmen, da die an der Küste verlaufende Ma-12 zwischen Can Picafort und Alcúdia durchgehend durch Ortsgebiete mit Dutzenden Kreisverkehren verläuft.

Es gibt mehrere große Parkplätze rund um die Altstadt, empfehlenswert ist derjenige an der Avinguda Príncep d'Espanya im Süden des Zentrums (Navi: N39.850833, E3.123306). Hier gibt es auch eine Bushaltestelle gleichen Namens.

Ausrüstung: Gewöhnliche Straßenkleidung, Sonnen- und Regenschutz, eventuell etwas Proviant und Trinkwasser.

Kosten: Altstadt und Stadtmauer sind frei zugänglich, Parkplätze gratis. Die Besichtigung der römischen Ausgrabungen kostet 3 € pro Person und berechtigt auch zum Besuch des Museu Monogràfic de Pollentia in der Altstadt.

Öffnungszeiten: Die römischen Ausgrabungen sind von Dienstag bis Freitag von 10 bis 18 Uhr, Samstag und Sonntag von 10.30 bis 13 Uhr geöffnet; montags geschlossen.

Einkehr: Zahlreiche Einkehrmöglichkeiten in der gesamten Altstadt.

Informationen: www.alcudiamallorca.com/de

Links und oben: Spaziergang über die gut mit Geländern gesicherte Stadtmauer.

Es gibt viele Orte auf Mallorca, die sich noch ihr altes Stadtbild mit engen, verwinkelten Gässchen und alten Häusern bewahrt haben. Die noch komplett von einer intakten Stadtmauer umschlossene Altstadt von Alcúdia ist aber etwas ganz Besonderes und lädt mehr als jede andere Stadt auf der Insel zum Träumen von vergangenen Zeiten ein.

Wir beginnen unsere Stadtbesichtigung an der Avinguda Príncep d'Espanya direkt beim Tourismusbüro; hier gibt es auch eine Bushaltestelle und einen kleinen Spielplatz. Durch eine Öffnung in der Stadtmauer gehen wir auf dem Carrer d'En Serra in die Altstadt hinein und wenden uns gleich an der nächsten Kreuzung links auf den Carrer de la Rectoria, der uns direkt zur **Església de Sant Jaume**, der Kirche des heiligen Jakob, führt. Von hier gehen wir nordwärts durch den Carrer del'Església, vorbei am **Museu Monogràfic de Pollentia**, in dem die Funde aus den römischen Ausgrabungen ausgestellt sind, und treffen

Hallo Kinder,

eine kulinarische Köstlichkeit der Insel Mallorca, die normalerweise vor allem im Herbst gegessen wird, kann man hier in Alcúdia auch im Sommer bei verschiedenen Ständen entdecken: Bunyols! Es handelt sich dabei um eine Art Krapfen aus Kartoffel-Hefeteig, die in heißem Fett frittiert werden und mit viel Zucker bestreut serviert werden. Nichts für die schlanke Linie – aber einfach himmlisch gut. Im Internet findet ihr sicher ein gutes Dutzend völlig verschiedener Rezepte für Bunyols, was daran liegt, dass sie überall ein wenig anders zubereitet werden – auf Mallorca anders als etwa auf Menorca, und selbst von Dorf zu Dorf schmecken sie ein wenig anders. Aber zu versuchen, sie zu Hause nachzubacken, gelingt sowieso nur selten – denn so richtig gut schmecken sie eben nur, wenn man sie im Urlaub auf Mallorca genießt.

Blick von den Ausgrabungen zur Església de Sant Jaume.

auf den Carrer Major, die Hauptstraße der Altstadt, die vom westlichen Stadttor **Porta de Sant Sebastià** zum Hauptplatz mit dem Rathaus, der Plaça de la Constitució, und als Carrer del Moll weiter zum östlichen Stadttor **Porta del Moll** führt. Wie nicht anders zu erwarten, drängen sich hier die Touristen zwischen Souvenirständen, man muss aber nur ein Stück abseits in die Nebengassen hineingehen, und schon ist deutlich weniger los. Und das sollte man auch tun – denn dort kann man das Flair der historischen Innenstadt viel besser genießen. Hier eine genaue Route vorzuschlagen, ist nicht sinnvoll, man sollte einfach die alte Stadt bei einem Bummel zwischen den Geschäften, Lokalen und Eissalons auf sich wirken lassen.

Was zu einem Besuch in Alcúdia aber unbedingt dazugehört, ist ein Spaziergang auf der **Stadtmauer**. Zwar kann man nicht ganz rundherum gehen, sondern lediglich auf einem Teil davon, aber der Blick von oben auf die alten Häuser im Inneren der Mauer sowie über die Bucht und das Meer ist fantastisch. Aufgänge auf die Mauer sind in den Straßen Carrer dels Valents und Carrer de la Pau ganz im Norden der Altstadt in der Nähe des Tores Porta de Vila Roja. Der Zutritt zur Stadtmauer ist gratis. Ein Muss nach dem Stadtrundgang ist auch ein Besuch der **Ciutat romana de Pollentia**. Es handelt sich nämlich um die einzigen größeren römischen Ausgrabungen auf Mallorca. Der Zugang befindet sich westlich des Parkplatzes an der Avinguda Príncep d'Espanya, schräg gegenüber der Kirche Església de Sant Jaume. Wenn man allerdings am Wochenende oder am Nachmittag hier ist, sollte man den Besuch vorziehen und sich die Ausgrabungen vor dem Bummel durch die Altstadt ansehen, da diese Samstag und Sonntag nur bis 13 Uhr bzw. Dienstag bis Freitag nur bis 18 Uhr geöffnet sind.

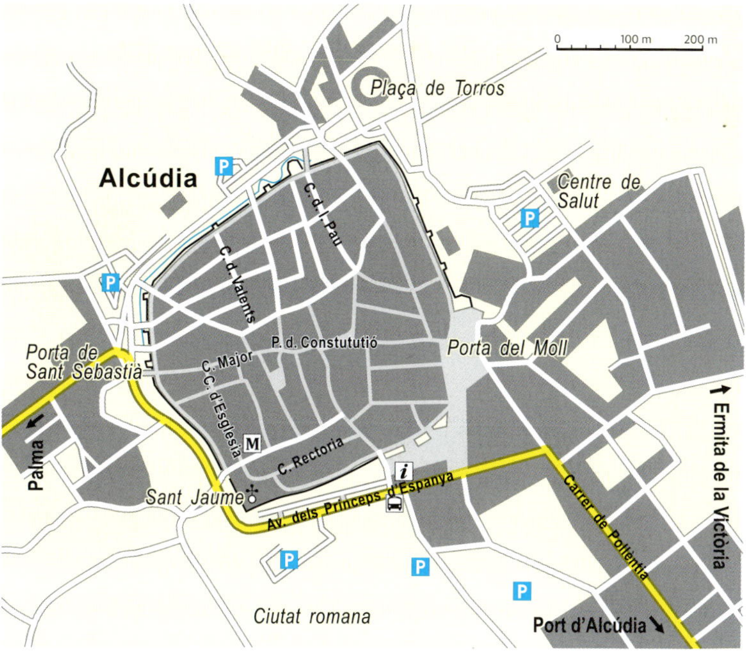

Hidropark Alcúdia

Auch im Norden Mallorcas gibt es einen Wasserpark, der zwar kleiner ist als die beiden Konkurrenten in der Nähe von Palma (siehe Tour 4), dafür aber auch deutlich billiger. Auf ein »Fast Pass«-System, mit dem man gegen Aufzahlung schneller drankommt, wird hier verzichtet. Es gibt nur sechs große Wasserrutschen, aber drei großzügige Spielbereiche mit Rutschen für kleinere Kinder und ein großes Wellenbecken. Auf dem Gelände sind zudem ein großer Minigolfplatz und selbstverständlich auch mehrere Getränke- und Imbissstände vorhanden. Das Mitnehmen eigener Verpflegung ist offiziell nicht gestattet, wird aber nicht kontrolliert, und sehr viele Gäste nehmen zumindest eigene Getränke und Snacks mit in den Park.

Öffnungszeiten: Täglich von 1. Mai bis 30. Oktober 10–17 Uhr, im Juli und August bis 18 Uhr.

Kosten: 24,90 € für Erwachsene, 17,90 € für Kinder von 3–10 Jahren und Senioren über 60 Jahre. Beim Vorverkauf über Internet 1 € Ersparnis pro Person. Sonnenliegen kosten extra 5 € pro Tag, Schließfächer 5 € plus 2 € Kaution, die man wieder zurückerhält. Für den Minigolfplatz sind 5 € für Erwachsene und 3 € für Kinder extra zu bezahlen, plus 5 € Kaution für Schläger und Bälle. Der Parkplatz ist gratis.

Info: Tel. +34 971 891672, www.hidroparkalcudia.com/de

Halbtagesausflug

ab 4 Jahren

26

Alles Glück der Erde

Besuch auf der Ranxo Ses Roques in Alcúdia

Hoch zu Ross im Nordosten der Insel

Ausritte mit Pferden werden in vielen Teilen Mallorcas angeboten. Besonders schön sind diese natürlich, wenn sie durch möglichst unberührte Natur führen. Wir stellen hier neben der Ranxo Ses Roques auch weitere Möglichkeiten für Ausritte vor, die eines gemeinsam haben: Sie sind für absolute Reitanfänger geeignet, man ist speziell auch auf Kinder ausgerichtet, und die Anbieter befinden sich in der Nähe anderer in diesem Buch angeführter Attraktionen, sodass man den Reitausflug mit anderen Programmpunkten verbinden kann.

Anfahrt: Von der Umfahrungsstraße Ma-3470 biegt man bei km 1,5 Richtung »av. Pere Mas i Reus / Port d'Alcúdia« ab. Gleich an der ersten Kreuzung beim Stoppschild links; die Ranxo Ses Roques ist hier bereits ausgeschildert und liegt nach 100 m auf der linken Straßenseite (Navi: Av. Francia, s/n, 07400 Port d'Alcúdia).
Öffentlich nur im Sommer ca. viermal täglich mit Bus L356A von Alcúdia zum Hotel Bellevue, von dort der Av. Pere Mas i Reus stadtauswärts und nach rund 250 m rechts dem Schild zur Ranxo folgen. Fußweg insgesamt ca. 400 m.
Ausrüstung: Festes Schuhwerk und lange Hosen zum Reiten empfohlen.
Altersgruppe: Ausritte ab 6 Jahren, Ponyreiten auf der Ranch ab 4 Jahren .
Besuchszeit: Je nach Dauer des Ausrittes 1–2 Stunden (eine Stunde sollte man extra für Vorbereitung und Besuch des Streichelzoos mit einplanen).
Öffnungszeiten: Von April bis Oktober täglich 9–13 Uhr und 15–19 Uhr. Von November bis März nur auf Anfrage. Einstündige Ausritte werden Montag bis Samstag um 10.30, 11.30 und 16 Uhr angeboten, im Juli und August zusätzlich um 17 Uhr. Zweistündige Ausritte gibt es von April bis Juni und von September bis Oktober um 17 Uhr, im Juli und August um 18 Uhr. Sonntags finden nur einstündige Ausritte statt, jeweils um 17 und 18 Uhr.
Kosten: Es werden einstündige Ausritte um 24 € oder zweistündige um 45 € angeboten. Ponyreiten für 15 Minuten um 10 €. Der Besuch des Streichelzoos und ein Säckchen mit Futter ist jeweils im Preis inbegriffen. Will man nur den Streichelzoo besuchen, kostet dies 5 € für Erwachsene und 3 € für Kinder.
Einkehr: Auf der Ranch gibt es eine Bar mit Getränken, kleinen Snacks und Eis, darüber hinaus zahlreiche Einkehrmöglichkeiten im Ortsgebiet von Alcúdia.
Informationen: Tel. +34 971 892809
www.ranxosesroques.com
Tipp: Wenn man direkt in Alcúdia wohnt, kann man sich auch gratis direkt vom Hotel abholen lassen.

Ausritt am Fuß des Puig de Sant Martí.

Vor dem Reiten gibt es ein erstes Kennenlernen.

Unser Top-Tipp für kleine und größere Reiter ist die Ranxo Ses Roques direkt in der Peripherie von Alcúdia, nicht nur wegen der zentralen Lage und der attraktiven Routen für den Ausritt, sondern auch wegen der Zusatzangebote, die man in Anspruch nehmen kann. Buchen kann man einen Ausritt persönlich vor Ort (am besten dann, wenn man sowieso in der Gegend ist und für später am Tag oder für den nächsten Tag reservieren möchte), telefonisch oder über Internet. Es werden sowohl ein- als auch zweistündige Ausritte angeboten, die Pferde sind besonders gutmütig, und für die Kleinsten, die noch nicht mit auf den Ausritt kommen können, wird auch Ponyreiten auf einer Koppel angeboten.

Die Wartezeit vor dem Ausritt kann man hier sehr angenehm überbrücken, indem man den angeschlossenen kleinen Bauernhof mit mehreren Tiergehegen besucht. Wer einen Ausritt gebucht hat, kann das kostenlos tun und bekommt ein Säckchen Tierfutter dazu. Die Kinder können Pferde füttern oder, wenn sie sich zu ihnen hineinwagen, auch die Ziegen in einem begehbaren Gehege. Aber Vorsicht, die Ziegen sind recht zudringlich! Außerdem gibt es noch Schafe, Schweine, Kühe, Schildkröten und kleine Vögel sowie einen als Museum eingerichteten Stall mit alten landwirtschaftlichen Gegenständen. Es gibt auf der Ranxo Ses Roques auch eine kleine Bar, Picknicktische und einen kleinen Spielplatz.

Vor dem Ausritt sucht man sich einen Helm in der jeweils passenden Größe aus, bekommt ein Pferd zugewiesen und erhält dann auch noch eine kurze Einweisung. Der Ritt führt durch ein Wäldchen am Fuß des Puig de Sant Martí (einstündiger Ausritt) bzw. durch abwechslungsreiche Landschaft bis hinauf auf den Gipfel des Berges, von dem aus man eine fantastische Aussicht auf die Stadt Alcúdia und die Bucht hat (zweistündiger Ausritt). Jeder Ritt wird selbstverständlich von erfahrenen Reitlehrern begleitet.

Ausritt im Naturschutzgebiet bei Sa Coma.

Weitere Reitmöglichkeiten

Ebenfalls auf Reitanfänger und vor allem auf Kinder haben sich folgende Anbieter spezialisiert:

Rancho Cala Mesquida im gleichnamigen Ort. Man erreicht den Reitstall wie bei Tour 28 beschrieben. Es werden einstündige Ausritte mit besonders kinderfreundlichen Pferden durch das Naturschutzgebiet bei Cala Mesquida angeboten. Mitreiten können schon Kinder ab 5 Jahren, die Pferde werden in diesem Fall am Strick geführt, damit die Kleinen sich sicher fühlen. Es gibt auch Ponyausritte, bei denen die Kinder die Tiere selbst aus dem Stall holen, bürsten, satteln und nach dem Ritt abduschen dürfen. Informationen und Reservierungen: Tel. +34 678 548782, www.ranchocalamesquida.com/home/de

Die **Rancho Grande** liegt direkt an der Ma-12 zwischen Artà und Can Picafort bei km 13,7. Ausritte werden für Reiter aller Erfahrungsstufen angeboten, finden täglich um 11 und 15 Uhr statt, dauern zwei Stunden und kosten pro Person 50 €. Auf der Ranch gibt es auch verschiedene Tiergehege zu besichtigen sowie ein Restaurant, in dem abends auch Folklore-Vorführungen stattfinden. Informationen und Reservierungen: Tel. +34 971 854121; www.ranchograndemallorca.com

Rancho Sa Coma im gleichnamigen Ort. Die Ranch liegt unmittelbar beim Ausgangspunkt der Tour 30, Anfahrt siehe dort. Es werden ein- bis zweistündige Ausritte durch das Naturschutzgebiet an der Punta n'Amer zu sehr günstigen Preisen (ab 20 € für zwei Stunden) angeboten. Informationen und Reservierungen: Tel. +34 971 810530.

ab 6 Jahren | 2.30 Std. | 7,5 km | ↗ 0 m | ↘ 0 m

Besuch im Vogelparadies

27

Das Naturschutzgebiet S'Albufera bei Alcúdia

Streifzüge durch ein einzigartiges Naturjuwel

Das Naturschutzgebiet S'Albufera südlich von Alcúdia ist das flächenmäßig größte Feuchtbiotop auf der Baleareninsel und bietet über 300 Vogelarten eine Heimat. Für Besucher hat man nicht nur ein Informationszentrum und bequeme Rundwege, sondern auch zahlreiche Beobachtungsplätze eingerichtet, von denen man aus die gefiederten Freunde aus nächster Nähe betrachten kann. Auch wenn man dabei keine weiten Strecken zurücklegt, sollte man sich für diesen Besuch genügend Zeit nehmen, um die zahlreichen Tiere in Ruhe beobachten zu können.

Ausgangspunkt: Parkplatz des Naturparks S'Albufera (Navi: N39.799314, E3.119241).
Anfahrt: Aus Richtung Palma auf der Ma-13 bis kurz vor Alcúdia, dann auf der Ma-3460 rechts Richtung Port d'Alcúdia halten. Beim nächsten Kreisverkehr abermals rechts auf der Ma-3470 Richtung Can Picafort fahren. An der Einmündung in die Ma-3433 links nach Platja de Muro. Am Kreisverkehr, bei dem man auf die Ma-12 trifft, ist bereits S'Albufera auf einem Wegweiser nach rechts ausgeschildert. Der Parkplatz befindet sich kurz nach der Brücke über einen breiten Kanal auf der rechten Straßenseite.
Öffentlich von Alcúdia oder Can Picafort mit einer der zahlreichen Buslinien bis zur Haltestelle S'Albufera.
Anforderungen: Leichter Spaziergang oder ebene Fahrradtour auf geschotterten Wegen.
Gehzeit: Die Tour kann je nach Belieben verkürzt oder erweitert werden (1.30–2.30 Std.).
Ausrüstung: Festes Schuhwerk, Sonnen- und Regenschutz, Proviant, ausreichend Trinkwasser. Insektenschutzmittel empfehlenswert!
Öffnungszeiten: Der Naturpark ist vom 1. April bis 30. September von 9 bis 18 Uhr, in der übrigen Zeit des Jahres von 9 bis 17 Uhr geöffnet. Der Besuch des Parks ist kostenlos, allerdings ist man verpflichtet, sich im Infozentrum anzumelden und eine Besuchserlaubnis zu holen.
Einkehr: Unterwegs keine, zahlreiche Lokale in Platja de Muro und Alcúdia.
Bademöglichkeit: Im Naturpark selbst ist das Baden verboten, der kilometerlange Strand Platja de Muro ist jedoch nur 250 m vom Parkplatz entfernt.
Informationen: Tel. +34 971 892250, www.mallorcaweb.net/salbufera/
Hinweis: Es gibt mehrere Fahrradverleihe an der Platja de Muro, in Alcúdia sowie in Can Picafort.

Zahlreiche Infotafeln stehen entlang des Weges.

Auch Pferde fühlen sich im Naturschutzgebiet wohl.

Vom Parkplatz des Naturparks in **Platja de Muro ❶** gehen wir erst auf einem kurzen schattigen Weg parallel zur Ma-12, dann auf dem Gehweg entlang dieser nordwärts zur Brücke Pont dels Anglesos. Hier beginnt ein breiter Fahrweg, der uns über eine Brücke, durch ein Tor und vorbei an mehreren Informationstafeln und einem Trafohäuschen ins Naturschutzgebiet hineinbringt. Schon hier bekommen wir einen ersten Eindruck von dem Gebiet mit seinen Kanälen, Lacken, Schilf und Marschland. Einen Teil des Weges kann man auf einem parallel zum Asphalt verlaufenden Fußweg direkt neben dem schilfbestandenen Gran Canal (mit Beobachtungsplattform) zurücklegen. Man erreicht nach etwa einer Viertelstunde das Besucherzentrum (Centro de Información) **Sa Roca ❷**, wo man sich unbürokratisch unter Angabe von Name und Nationalität anmeldet und so die Besuchserlaubnis und einen Übersichtsplan des Gebietes erhält. Hier gibt es auch ein WC und mehrere Rastbänke im Schatten. Gleich neben dem Info-Zentrum liegt das »Centro de Interpretación Can Bateman« mit Video und Bildtafeln.

In welcher Reihenfolge man die folgenden Wege begeht, ist im Prinzip gleichgültig. Wir gehen zunächst noch ein kleines Stück entlang des Gran Canal zu einer Steinbrücke, über die wir ans Nordufer wechseln. Dort teilen sich die Wege: rot links, braun geradeaus und lila rechts.

Beim braunen Weg handelt es sich um einen rund 650 Meter langen Abstecher zur Beobachtungsplattform **»Es Colombars« ❸** (hin und zurück also in Summe 1,3 km). Er verläuft durchgehend auf einer breiten Schotterstraße in der Sonne und darf auch mit dem Fahrrad befahren werden.

Wem ein kürzerer, aber intensiverer Besuch des Areals genügt (oder wem es in der prallen Sonne zu heiß ist), dem empfiehlt sich der lila Weg »Es Cibollar«. Er verläuft schattig zwischen Bäumen an der Nordseite des Gran Canal in östlicher Richtung gleich zu zwei Vogelbeobachtungsposten (Hütten mit durch Klappen verschließbare Beobachtungsschlitze), von denen aus man mit etwas Glück unterschiedliche Stelz- und Wasservögel sieht. In den Hütten hängen Bildtafeln, mit deren Hilfe man die Vogelarten identifizieren kann. Man geht dann am selben Weg zur Steinbrücke zurück. Dieser Weg kann nur zu Fuß erkundet werden;

Am Beobachtungspunkt »Es Cibollar«.

Radfahren ist hier nicht gestattet.
Der folgende, grün beschilderte Weg »Sa Roca« beginnt am Südufer und besteht aus zwei Teilen – zunächst einmal einem etwa 200 Meter langen Stichweg, der nach Westen entlang des Gran Canal zu einer Beobachtungshütte an dessen Ufer führt. Von dort kommend wendet man sich dann an der Brücke rechts und geht auf einem schmalen Fußpfad nach Süden. Auf diesem zweiten Teil des Weges ist Radfahren ebenfalls nicht erlaubt. Nach gut 100 Metern führen Stufen links zu einem Aussichtshügel hinauf, von dem aus man einen guten Überblick über das weitläufige Feuchtgebiet hat.

Ein Stück weiter gabelt sich der Weg. Rechts gibt es einen Abstecher (hin und zurück fünf Minuten) über einen hölzernen Steg zur Beobachtungshütte **Ses Pardes ❹**. Für den Rückweg zum Infozentrum nehmen wir dann den anderen Weg, der noch an zwei weiteren Hütten, »Es Ras« und »Sa Roca« vorbeiführt, von denen die letzte sogar rollstuhlgerecht ausgebaut ist. Auch hier hat man wieder gute Chancen, Tiere zu beobachten – natürlich Vögel, aber manchmal auch Pferde und Rinder, die im Sumpfgebiet weiden. Von der letzten Hütte aus sind es nur mehr wenige Meter zurück zum Besucherzentrum **Sa Roca ❷**, von dem aus man auf dem bekannten Weg entlang des Gran Canal zum Ausgangspunkt in **Platja de Muro ❶** zurückgeht.

Es gibt noch einen weiteren Rundweg, den »Camí d'Enmig – Ses Puntes«, der mit seinen 11,5 Kilometer Länge aber etwa 3 bis 4 Stunden Zeit erfordert. Er führt zu einem Aussichtsturm und zwei weiteren Aussichtsplattformen und bietet sich vor allem dann an, wenn man das Naturschutzgebiet nicht zu Fuß, sondern mit dem Fahrrad erkunden möchte, je nach Kondition braucht man dafür zwischen einer und eineinhalb Stunden. Der Weg weist, so wie alle anderen, keinerlei Steigungen auf und mündet etwas östlich des Infozentrums in die Straße, die von diesem wieder zurück zur Pont dels Anglesos führt.

Der Osten und Süden der Insel

Im äußersten Südosten von Mallorca liegen mit den Touristenorten Cala Rajada und Cala Millor zwei der beliebtesten und am stärksten besuchten Urlaubsorte der Insel, mit langen Stränden, Bars, Restaurants und ausgeprägtem Nachtleben. Aber eigentlich sind diese Auswüchse des Massentourismus an der Ost- und Südküste Mallorcas die Ausnahme. Hier finden sich nämlich noch einige der ursprünglichsten, unverfälschtesten Hafenorte, in denen tatsächlich noch Fischer ihrer Arbeit nachgehen und in aller Beschaulichkeit vor ihren Bootshäusern die Netze flicken und zum Trocknen aushängen. Auch die im Landesinneren gelegenen Städte wie Santanyí, Campos, Felanitx, Manacor oder Artà präsentieren sich noch in einer gewissen Ursprünglichkeit und sind allesamt einen Zwischenstopp wert.

Geographisch gesehen ist der Süden von Mallorca durch weite, früher intensiv landwirtschaftlich genutzte Ebenen und sanfte Hügellandschaften gekennzeichnet, aus denen nur einzelne Berggipfel herausragen. Nur an der äußersten östlichen Landspitze der Insel gibt es mit der Serra de Levant eine größere Bergkette.

Was das Freizeitangebot angeht, findet sich hier auch eine Reihe lohnender Angebote: Insgesamt drei der fünf öffentlich zugänglichen Tropfsteinhöhlen, ein Safaripark, eine Straußenfarm oder etwa eine Saline, die man besichtigen kann, lassen auch in diesem Teil der Insel keine Langeweile aufkommen. Einziger Nachteil, wenn man sein Quartier in diesem Teil Mallorcas aufschlägt, ist die relativ lange Anfahrt zu allen Zielen, die im Norden und Nordwesten der Insel, in der Serra de Tramuntana, liegen. Die Inselhauptstadt Palma hingegen ist über die Autobahn Ma-19, die derzeit in Llucmajor beginnt, aber gerade bis Campos verlängert wird, oder über die Ma-15 ab Manacor recht schnell zu erreichen.

Die Strände und Badeorte im Osten und Süden

Porto Cristo, Porto Colom, Porto Petro – dass viele Orte an der Ostküste das Wort für »Hafen« im Namen tragen, ist kein Zufall, handelt es sich doch dabei nicht um künstlich geschaffene Feriensiedlungen, sondern tatsächlich noch um alte Hafenorte. Nicht einmal ein Zehntel der Betten auf der Insel verteilen sich auf die Ortschaften im Osten und Süden. Obwohl der Großteil der Küste durch steile Felsen geprägt ist, finden sich dazwischen immer wieder kleine Sandstrände, sodass hier sowohl Familien mit kleineren Kindern, für die ein flacher Strand wichtig ist, als auch solche mit größeren, die die Unterwasserwelt mit Schnorchel und Flossen erforschen wollen, auf ihre Kosten kommen.

Ganz im Osten, auf der Halbinsel bei Artà, liegen die Badeorte Cala Mesquida (Tour 28) und Cala Agulla. Beide verfügen über große, breite Sandstrände, die aber in der Hauptsaison meist ziemlich überfüllt sind und wo oft schon um 11 Uhr vormittags sämtliche Liegen ausverkauft sind. Etwas ruhiger geht es in Canyamel zu (Tour 29), da sich hier die Anzahl der Hotels in Grenzen hält, außerdem gibt es auch keinen riesigen Parkplatz für Tagesgäste.

Die beliebtesten Badeorte an der Ostküste sind die schon anfangs erwähnten Cala Rajada und Cala Millor sowie das südlich anschließende

Am Strand von Cala Mesquida (Tour 28).

Sa Coma. Hier geht es überall eher laut und lebhaft zu, es gibt jeweils einen langen Sandstrand und alle Annehmlichkeiten, wie Duschen, Umkleiden, Liegestuhl- und Sonnenschirmverleih, und natürlich reiht sich auch an der Strandpromenade ein Lokal an das andere.
Porto Cristo ein Stück weiter südlich hingegen ist bereits weniger wegen seiner Strände als vielmehr wegen der beiden großen Tropfsteinhöhlen Coves dels Hams und Coves del Drac bekannt, obwohl es auch hier einen schönen Strand mitten in der Stadt gibt. Der Ort ist auf jeden Fall einen Besuch wert, schließlich hat er einen der schönsten Naturhäfen weit und breit, der sich wie ein Fjord tief ins Landesinnere hineinzieht.
Porto Colom, Porto Petro oder Cala Figuera gelten unter Mallorca-Touristen noch immer eher als Geheimtipps. In all diesen Orten gibt es nur eine eher bescheidene Infrastruktur, eine Handvoll Geschäfte und Restaurants, aber nicht den großen Touristenrummel. Es handelt sich wie erwähnt um Hafenstädte, also haben sie direkt im Ort keinen richtigen Strand; die Strände liegen jeweils ein Stück außerhalb. Die schönsten in diesem Gebiet ganz im Süden von Mallorca liegen sicherlich im Naturschutzgebiet Mondragó (siehe Tour 40), aber auch die kleinen Strände von Cala Santanyí (Tour 39) und Cala Llombards haben ihren Reiz, ohne zu überlaufen zu sein. In allen Fällen handelt es sich um eher kleine, links und rechts von Felsen eingesäumte Sandbuchten.
Erst westlich von Cap Salines, der Südspitze Mallorcas, gibt es wieder ausgedehntere Sandstrände, darunter die Platja d'es Carbó südlich von Colònia de Sant Jordi und den längsten Strand der gesamten Insel, die Platja de es Trenc (Tour 37). Letzterer ist zwar immer noch ziemlich gut frequentiert, seit man das Gebiet aber unter Naturschutz gestellt hat, nicht mehr an sämtlichen Zufahrtsstraßen unkontrolliert geparkt werden kann und man die illegal errichteten Imbissbuden großteils entfernt hat, ist es hier wieder etwas ruhiger und weniger überlaufen geworden.

2.45 Std. | 6,3 km | ↗300 m | ↘300 m | ab 8 Jahren

28

Auf dem Holzweg durch die Dünen

Von Cala Mesquida zur Talaia de Son Jaumell

Abwechslungsreiche Wanderung im äußersten Osten Mallorcas

Die Halbinsel Levant nördlich von Artà mit der Landspitze Cap Ferrutx stellt einen der längsten unverbauten Küstenabschnitte im Osten Mallorcas dar. Der einzige Ort an der Nordostküste dieser Halbinsel ist Cala Mesquida, wo es einen rund 350 Meter langen und bis zu 70 Meter breiten Sandstrand gibt, auf dem sich selbst bei großem Andrang immer noch ein freies und ruhiges Plätzchen findet. Von hier aus wandern wir durch beeindruckende Dünenlandschaft und lichte Kiefernwälder hinauf zum fantastischen Aussichtspunkt bei der Ruine des einstigen Wachturmes Talaia de Son Jaumell.

Ausgangspunkt: Cala Mesquida, Parkplätze entlang einer Schotterstraße in der Nähe des Strandes (Navi: Carrer des Rap, 07589 Cala Mesquida).
Anfahrt: Auf der Ma-15 bis nach Capdepera, beim Kreisverkehr an der Umfahrungsstraße bei km 75,8 Richtung Cala Mesquida abbiegen. Im Ort beim Kreisverkehr rechts halten, bis man auf die für Autos gesperrte Strandpromenade trifft, hier scharf rechts und an der entlang eines Wäldchens verlaufenden Schotterstraße parken.
Öffentlich mit der Buslinie 471 ab Capdepera nach Cala Mesquida.
Anforderungen: Der Anstieg weist zwar gegen Schluss einzelne steinige, etwas steilere Passagen auf, ist aber an sich unproblematisch. Der Abstieg erfordert, vor allem am ersten Stück nach dem Gipfel, Trittsicherheit und Konzentration. Im Zweifelsfall nehmen weniger Geübte wieder denselben Weg zurück.
Ausrüstung: Festes Schuhwerk, Sonnen- und Regenschutz, Proviant, ausreichend Trinkwasser.
Einkehr: Unterwegs keine, diverse Lokale in Cala Mesquida.
Hinweis: Die Umgebung von Cala Mesquida kann auch bei einem Reitausflug erkundet werden (siehe Tour 26).

Zum Schutz der Dünenlandschaft hat man einen Holzsteg angelegt.

Blick auf die Küste Richtung Kap Ferrutx.

Wer mit dem Auto an der Straße Carrer des Rap geparkt hat, geht zurück zum Beginn der Strandpromenade von **Cala Mesquida** ❶, wer mit dem Bus kommt, geht die gleich hinter der Haltestelle rechts abzweigende Straße Carrer Rajada und gelangt so ebenfalls hinunter auf die Promenade. Auf dieser spaziert man Richtung Meer und kommt zu einer Orientierungstafel mit Wanderwegen, bei der ein hölzerner Steg nach rechts abzweigt. Dieser überquert die ökologisch sensible Dünenlandschaft und hat eine Gesamtlänge von fast 500 Metern. Am anderen Ende ❷ folgen wir den Markierungen des Rundwanderweges R2, die in Form von rosafarbenen Metallbändern auf Holzpflöcken angebracht sind.

Zuerst geht es etwas steiler bergauf, dann kommen wir in ein lichtes Wäldchen, in dem der nun breitere Weg nur mehr sanft ansteigt. Zwischen Aleppokiefern und Zwergpalmen steigt man zu einem Bergsattel an, auf dem sich die Reste eines alten Kalkbrennofens (Forn de Calc)

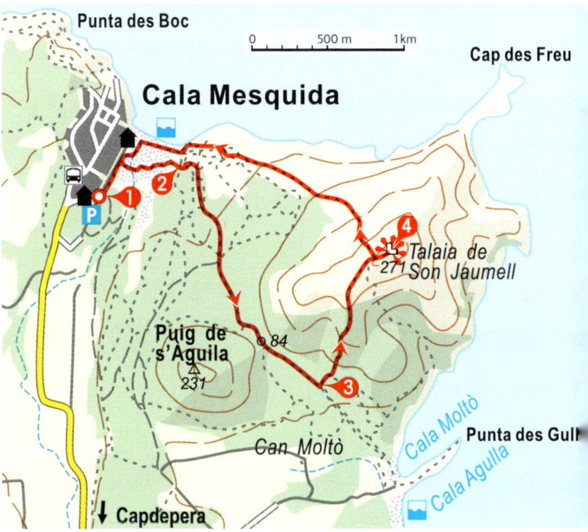

Die Überreste des Wachturms Talaia de Son Jaumell.

befinden. Dahinter geht es wieder leicht bergab zu einem zweiten ehemaligen **Brennofen ❸**, vor dem unser Weg nach links abzweigt.
Bei der Gabelung kurz danach teilt sich der Weg. Die Wege R2 und R4 führen nach links, bei beiden ist als Ziel Talaia de Son Jaumell angeschrieben, beim nach rechts führenden Weg R8 »Forns de Calc«.
Der schmale, steinige Weg nach links ist mit roten Punkten und mit Pflöcken mit rosa und grünem Band markiert. Er wird steiler und verläuft ab zirka 220 Meter Seehöhe in der Sonne, da hier nur mehr Sträucher wachsen. Dafür hat man schon einen Blick auf den Turm und schaut bald nach rechts und dann auch nach links aufs Meer. Der Weg steigt schießlich nur mehr leicht an und führt zu einem Markierungspflock mit grünem Band. Von hier sind es nur mehr 150 Meter zum halb verfallenen **Talaia de Son Jaumell ❹**, von dem aus man einen schönen Rundblick hat.
Nachdem man diesen genossen hat, kehrt man zum Markierungspflock zurück und folgt dem mit blauen Punkten markierten, nun nach rechts sehr steil bergab führenden steinigen Fußpfad. Hier ist Trittsicherheit unbedingt erforderlich, denn an vielen Stellen gibt es lockeres Geröll, auf dem man leicht ausrutschen kann. Wo es etwas weniger steil wird, steht eine kleine Tafel mit der Aufschrift »Parc natural de la Peninsula de Llevant«. Der Weg soll von März bis Juli wegen brütender Vögel nicht verlassen werden. Bei der Tafel teilt sich die Wegspur; der markierte Weg führt schräg nach links auf eine nahe kleine Erhebung zu. Nach dieser biegt sich der Weg nach rechts und teilt sich ein paar Meter weiter. Das rosa Band des Markierungspflocks schickt uns geradeaus Richtung Cala Mesquida (R2). Weiterhin weisen uns blaue Punkte, rosa und grüne Bänder den Weg. Dieser wird langsam flacher, führt an der Tafel »Reserva natural integral de Cap des Freu« vorbei und verläuft in einiger Entfernung vom Ufer an diesem entlang. Kurz vor dem Strand von Cala Mesquida verlieren sich die Markierungen, aber nun fällt die Orientierung auch ohne sie nicht mehr schwer. Man kommt in Sichtweite das östlichen Endes des **Holzsteges ❷** und hat nun die Wahl, auf diesem zurückzuwandern oder gleich rechts hinunter in die Bucht zum breiten Sandstrand Platja de Cala Mesquida zu gehen und über diesen zurück zur Strandpromenade und zum Ausgangspunkt.

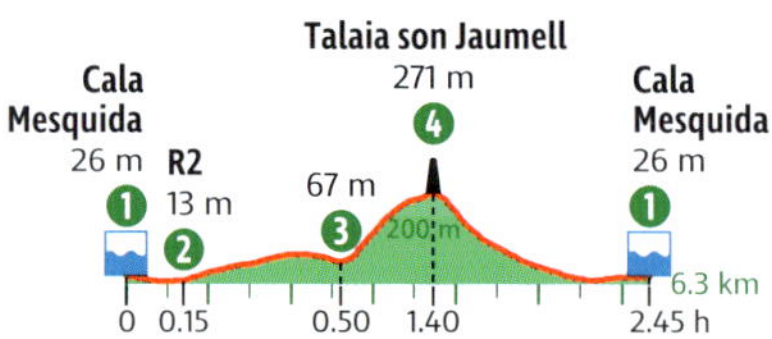

Hallo Kinder,

ganz in der Nähe dieser Wanderung kann man auch eine eindrucksvolle Ruine erkunden, das Castell de Capdepera. Es liegt auf einem Felsen hoch über der gleichnamigen Stadt, an der man am Weg zur Wanderung direkt vorbeifährt, und ist noch bemerkenswert gut erhalten. Die fast 300 Meter lange Außenmauer der Festungsanlage mit ihren Wehrtürmen ist imposant, und auch im Inneren gibt es noch einige gut erhaltene Gebäude zu besichtigen, wie eine Kirche, einen Turm aus dem 10. Jahrhundert und das Haus des Gouverneurs, das heute ein Museum für Palmflechtarbeiten beherbergt. Kaum vorstellbar ist heute hingegen, dass sich im Inneren der rund 8000 m^2 großen Festung in früheren Zeiten bis zu 150 Häuser befunden haben, denn eigentlich handelte es sich ursprünglich nicht um eine Burg, sondern um eine befestigte Stadt. Warum? Immer wieder war die Bevölkerung von Mallorca Angriffen und Plünderungen durch Piraten ausgesetzt. Erst als diese im 17. Jahrhundert seltener wurden, begannen die Bewohner ihre kleinen, primitiven Häuser im Inneren der Mauern zu verlassen und sich außerhalb anzusiedeln, wodurch die heutige Stadt Capdepera entstand.

Öffnungszeiten: November bis März 10–17 Uhr, April, Mai, Oktober 10–19 Uhr, Juni bis September 10–22 Uhr.
Kosten: 3 € pro Person
Info: Tel. +34 971 818746, www.capdeperacastell.com/de/home

Im Castell de Capdepera.

29

1.45 Std. | 4,0 km | ↗ 320 m | ↘ 320 m | ab 6 Jahren

Türme und Aussicht im Doppelpack

Zu den beiden Wachtürmen oberhalb von Canyamel

Kurzwanderung mit fantastischen Ausblicken auf die Küste

Wachtürme, von denen aus man Ausschau nach Piratenschiffen gehalten hat, findet man überall entlang der Küsten Mallorcas, und sie sind auch Ziel mehrerer Wanderungen (Tour 6, 19 und 28). Hier bei Canyamel, am Cap Vermell, standen einst gleich zwei davon, der »neue« und der »alte« Turm, wobei ersterer noch sehr gut erhalten ist, während vom zweiteren nur mehr Mauerreste zeugen. Am Ende der Tour locken als Belohnung ein erfrischendes Bad im Meer, ein Eis an der Strandpromenade oder eine Besichtigung der Tropfsteinhöhle von Artà.

Ausgangspunkt: Bushaltestelle in Canyamel. Autofahrer können auch zum Beginn des Wanderweges am Carrer Ermita fahren und sparen so am Hin- und Rückweg jeweils etwa 500 m. (Navi: Carrer Ermita, 22, 07589 Canyamel).
Anfahrt: Auf der Ma-15 bis km 57, dort beim Kreisverkehr rechts auf der Ma-4030 Richtung Son Servera abbiegen. Geradeaus weiter auf der Ma-4040 Richtung Capdepera. 500 m hinter dem Tunnel beim Kreisverkehr rechts Richtung Canyamel und nach wenigen Metern wieder links abbiegen, der Ma-4042 und dem braunen Schild zu den Coves d'Artà folgen. Nach 4 km links auf den Carrer Ermita abbiegen und diesem noch etwa 250 m bis zu einer scharfen Rechtskurve folgen, in der ein Fußweg geradeaus in den lichten Kiefernwald bergauf führt.
Öffentlich mit der Buslinie 472 ab Capdepera nach Canyamel.
Anforderungen: Schmaler, teilweise steiniger Pfad, anfangs im Schatten, dann weitgehend in der Sonne.
Ausrüstung: Festes Schuhwerk empfehlenswert, Proviant und ausreichend Trinkwasser, Sonnen- und Regenschutz.
Einkehr: Unterwegs keine, mehrere Lokale in Canyamel.
Bademöglichkeit: Canyamel weist einen sehr schönen und noch nicht überlaufenen Strand auf.
Hinweis: Die beiden Ortsteile von Canyamel sind durch den ins Meer mündenden Torrent de Canyamel voneinander getrennt. Um mit dem Auto vom Ausgangspunkt der Wanderung zum südlichen Ortsteil mit dem Strand und den Einkehrlokalen zu gelangen, müsste man 4 km landeinwärts fahren. Besser fährt man von der Abzweigung des Carrer Ermita etwa 150 m weiter nach Osten und biegt dann beim Wegweiser zum »Beach Hotel« halb rechts ab. Am unteren Ende der Straße befindet sich die Bushaltestelle sowie ein kleiner Parkplatz, von dem aus man über Stufen und eine Fußgängerbrücke hinüber zum Strand und zu den Lokalen gelangen kann.

Kurze Rast vor dem Gipfelsturm.

Blick über die unverbaute Küste nördlich von Cap Vermell.

Wer öffentlich angereist ist, geht vom Kreisverkehr mit der Bushaltestelle von **Canyamel** ❶ die schmale, mit zwei Einfahrtsverbotsschildern und einem Sackgassenschild gekennzeichnete schmale Straße bergauf. Sie geht in eine Treppe über, auf der man hinauf zur Carretera Coves de s'Ermita gelangt. Man geht wenige Meter nach links und steigt im Zickzack über eine weitere Treppe hoch, die am Carrer Ermita endet. Auf diesem nun wieder links, erst leicht bergauf, dann kurz bergab. In einer scharfen Linkskurve markiert ein Pflock mit der Aufschrift »Font de sa Cala« den Beginn unseres **Wanderweges** ❷. Ein paar Meter weiter steht auf einer Orientierungstafel mit kaum mehr erkennbarem Plan »Torre des Cap Vermell«.

Unser Weg verläuft durch lichten Wald mit Aleppokiefern und vereinzelten Zwergpalmen, er ist mit Pflöcken und roten Punkten markiert. Nach rechts hat man mehrmals Ausblicke auf die Bucht mit dem – nicht überlaufenen – Strand von Canyamel, am schönsten von einer Felskanzel. Wir lassen den Wald hinter uns. Jetzt geht es weiter bergauf bis zu einer **Abzweigung** ❸ nach links, die mit einem Pfeil auf einem Pflock markiert ist. Von Weitem sieht man schon den recht gut erhaltenen

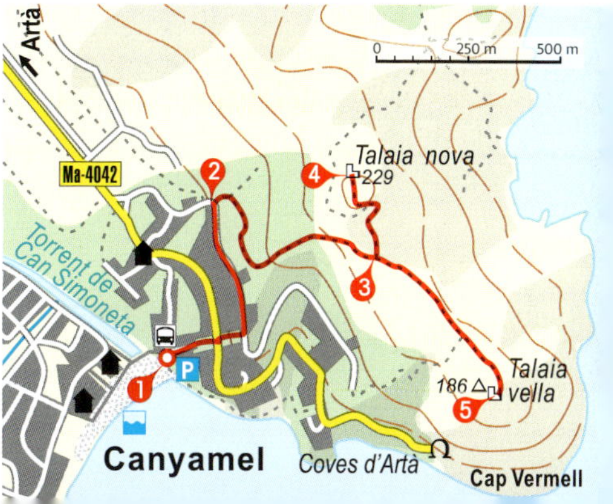

Blick von der Gipfelsäule bei der Talaia Vella zur Talaia Nova.

Turm auf der Bergspitze. Auf einem weiterhin mit roten Punkten markierten Pfad gelangen wir zu einer Hausruine. Ab dieser geht es steil und steinig bergauf. Ein mit blauen Punkten markierter Weg trifft auf unseren; ab dieser Stelle begleiten uns rote und blaue Punkte bis zum »Neuen Turm«, der **Talaia Nova ❹**. Vom Turm hat man einen herrlichen Ausblick auf die Bucht von Canyamel und auf der anderen Seite auf die Küste und die Häuser von Font de sa Cala.

Beim Abstieg muss man darauf achten, nicht den blauen, sondern den roten Punkten zu folgen, die auf die Hausruine zuführen. Wieder bei der **Abzweigung ❸** angelangt, wenden wir uns nun links, nach ein paar Metern wieder links und dann links an einem großem Nadelbaum vorbei. Ab hier weisen Steinmännchen den richtigen Weg. Dieser führt durch hohes Gras leicht bergab auf eine Kuppe zu und von der linken Seite auf diese hinauf zu den ringförmigen Mauerresten des »Alten Turmes«, der **Talaia Vella ❺**. Wenige Meter von dieser entfernt markiert eine Gipfelsäule den höchsten Punkt. Von hier aus sieht man in alle Richtungen, auf die Küste ebenso wie zurück zur Talaia Nova.

Nach einer Rast folgen wir demselben Weg zurück zur **Gabelung am Bergrücken ❸**, halten uns dort links bergab und gehen auf dem vom Anstieg bekannten Weg hinunter zum **Carrer Ermita ❷** bzw., falls wir öffentlich angereist sind, zurück zum Kreisverkehr mit der Bushaltestelle von **Canyamel ❶**.

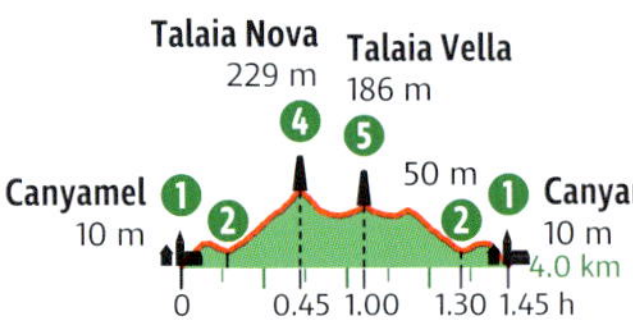

Coves d'Artà – die schönste Höhle Mallorcas

Wenn man schon in Canyamel ist, sollte man sich eine Besichtigung der Tropfsteinhöhle von Artà nicht entgehen lassen. Sie gilt unter Kennern als schönste und lohnenswerteste Höhle der ganzen Insel.

Die Besichtigung dauert etwa 35 Minuten; alle halbe Stunde finden Führungen statt, die auf Spanisch, Deutsch, Englisch und Französisch angeboten werden. Für die Wartezeit vor der Führung gibt es einen Kiosk mit Eis, Snacks und Getränken.

Im Inneren der Höhle herrscht ganzjährig eine Temperatur von 17 Grad. Das Fotografieren ohne Blitz ist erlaubt. Besonders sehenswert sind die »Königin der Säulen« und der »Raum der Fahnen«. Es gibt zwar auch hier eine »Light-and-Sound-Show«, allerdings halten sich sowohl Kitsch als auch Besuchermassen in Grenzen. Besonders schön ist auch der Ausblick während des Abstiegs über eine breite Freitreppe beim Verlassen der Höhle.

Anfahrt: Wie bei Tour 29 beschrieben nach Canyamel, jedoch nicht auf die Calle Ermita einbiegen, sondern immer geradeaus weiter bis zum Ende der Straße. Direkt bei der Höhle gibt es nur beschränkte Parkmöglichkeiten; wenn diese voll sind, muss man auf einem größeren Parkplatz etwa 500 m davor parken.

Öffnungszeiten: Täglich ab 10 Uhr geöffnet, Juli bis September bis 19 Uhr, April, Mai, Juni und Oktober bis 18 Uhr, November bis März bis 17 Uhr.

Kosten: Eintritt pro Person 15 €, für Kinder von 7–12 Jahre 7 €, darunter frei.

Informationen: Tel. +34 971 841293, www.cuevasdearta.com

Einer der eindrucksvollen unterirdischen Säle.

1.45 Std. | 4,4 km | ↗ 50 m | ↘ 50 m | ab 5 Jahren

Oase der Ruhe

Im Naturschutzgebiet an der Punta de n'Amer

Zu Fuß oder mit dem Rad zu einer alten Festung

Zwischen den beiden von riesigen Hotelanlagen gesäumten Stränden von Cala Millor und Sa Coma liegt die kleine felsige Halbinsel der Punta de n'Amer, die zur Gänze unter Naturschutz steht. An ihrem höchsten Punkt befindet sich die kleine, aber sehenswerte Festung Castell de sa Punta de n'Amer, die bereits eine bewegte Geschichte hinter sich hat und die man auch frei besichtigen kann. Es gibt auch eine gemütliche Einkehrmöglichkeit, und am Ende der Tour lockt ein Badestopp am Sandstrand von Sa Coma.

Ausgangspunkt: Tourismusbüro an der Kreuzung der Avinguda de ses Palmeres mit der Carrer dels Baladres im Ortsgebiet von Sa Coma (Navi: Carrer dels Baladres, 1, 07560 Sant Llorenç des Cardassar).
Anfahrt: Auf der Ma-4023 von Porto Cristo oder Son Servera kommend bei km 5,6 nach Sa Coma abbiegen und immer geradeaus der Avinguda de ses Palmeres Richtung Strand folgen und entlang dieser Straße oder in der in Richtung Cala Millor führenden Straße Carrer dels Baladres parken.
Öffentlich mit einem der zahlreichen Busse bis zur Haltestelle Avinguda de ses Palmeres.

Anforderungen: Die Wege im Naturschutzgebiet sind zum Großteil eben, sandig und leicht zu begehen .
Ausrüstung: Leichte Wanderschuhe oder Trekkingsandalen sind ausreichend. Ausreichend Trinkwasser, Sonnen- und Regenschutz. Badesachen nicht vergessen!
Einkehr: Imbiss beim Kastell sowie zahllose Lokale am Strand und im Ortsgebiet von Sa Coma.
Hinweis: In Sa Coma und Cala Millor gibt es mehrere Fahrradverleihe, falls man die Halbinsel lieber mit dem Rad erforschen möchte. Auf der Halbinsel sind auch Ausritte mit Ponys möglich (siehe S. 114).

Von der Kreuzung mit der Touristeninformation von **Sa Coma ❶** gehen wir die Straße Carrer dels Baladres nach Osten, vorbei an zahlreichen Geschäften. Kurz nachdem sich die Straße leicht nach rechts biegt, zweigt rechts eine Schotterstraße ab, die ins Gelände des Naturschutzgebietes hineinführt. Wir gehen immer am Hauptweg, zunächst

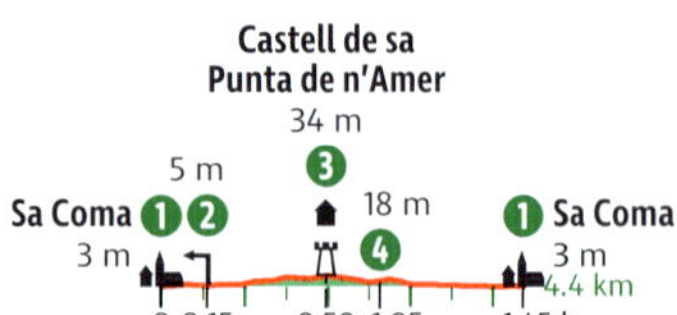

Blick vom Catell auf das Imbisslokal und die Bucht von Cala Millor.

entlang eines Zaunes und dann, wo dieser nach rechts knickt, geradeaus weiter und erreichen einen **Wegweiser ❷**, der nach links zum Castell zeigt. Von hier aus folgen wir immer einer breiten Staubstraße, die durch die leicht hügelige Dünenlandschaft, teils durch Wald und teils über freies Feld, Richtung Osten führt. Sie bringt uns direkt zur kleinen turmartigen Festung **Castell de sa Punta de n'Amer ❸**, die von einem Graben umgeben und über eine Zugbrücke frei zugänglich ist. Nördlich des Turmes befindet sich ein kleines gemauertes Vogelhaus und eine Gaststätte, bei der man Erfrischungen, Eis und kleine Snacks kaufen kann.

Wer möchte, kann noch beliebig weiter durchs Naturschutzgebiet streifen; ein Pfad führt nach Osten bis ganz hinaus an die Landspitze, weitere Wege nach Norden entlang der Küste Richtung Cala Millor.

Unser Rückweg nach Sa Coma verläuft, vom Turmeingang aus gesehen, links hinab in Richtung des Meeres. Wir folgen dann der felsigen Küste in Richtung Westen und gelangen in eine bizarre Felslandschaft mit merkwürdig geformten Wänden und kleinen Becken, in denen sich das Meerwasser sammelt. Diese sind nicht natürlichen Ursprungs – es handelt sich um einen ehemaligen **Steinbruch ❹**, wo man die für den Bau der kleinen Festung benötigten Steine aus dem weichen Untergrund geschnitten hat.

Direkt am Ufer kommen wir hier nicht weiter, also gehen wir etwa fünfzig Meter am selben Weg zurück und halten uns dann scharf

Ausblick vom Castell hinaus zur Landspitze.

Oben: Das Castell betreten wir über eine Zugbrücke.
Rechts: Neben dem Eingang gibt es einen gefiederten Wächter.

Hallo Kinder,

dass es lange dauern kann, bis Bauwerke nach den ersten Planungen wirklich errichtet werden, das hat es auch schon in früheren Zeiten gegeben – beim Castell de sa Punta de n'Amer waren es über hundert Jahre. Die Notwendigkeit einer Befestigungsanlage zum Schutz vor maurischen Seeräubern wurde bereits im Jahr 1585 erkannt. Doch erst nach einem großen Angriff durch Piraten im Jahr 1611 beschloss der Rat von Manacor im Jahr 1617 den Bau des Turmes. Allein – es fehlte an Geld. Also geschah weiter nichts. Erst 1693 konnte mit der Errichtung begonnen werden, nachdem der Generalrat der Insel beschlossen hatte, Geld für den Bau zur Verfügung zu stellen. So wurde der Turm 1696 fertiggestellt und diente seither bis ins 20. Jahrhundert hinein militärischen Zwecken. Selbst im Spanischen Bürgerkrieg hatte er große Bedeutung. Aus dieser Zeit stammt auch das Nebengebäude, das ursprünglich als Unterkunft für Soldaten diente und in dem sich heute das Imbisslokal befindet. Eine Besichtigung lohnt sich auf jeden Fall, denn im Inneren könnt ihr nicht nur historische Waffen, sondern auch den Mechanismus sehen, mit dem die Zugbrücke betätigt wurde. Auf der Plattform, zu der ihr über eine enge steinerne Wendeltreppe hinaufsteigen könnt, befindet sich eine alte Kanone, und man hat von hier aus auch einen wunderbaren Blick über die ganze Halbinsel.

links, um auf einem schmalen, etwas steinigen, aber gut zu begehenden Pfad zwischen Büschen und Disteln wieder der Küste nach Westen zu folgen. Immer wieder geht es kurz durch den Wald, dann wieder durch offenes Gelände.

Wir entfernen uns etwas vom Ufer, halten uns aber immer möglichst links, um wieder zu diesem zurückzugelangen. Wer anders geht – kein Problem; im schlimmsten Fall gerät man zu weit nach Norden und trifft wieder auf die breite Staubstraße, auf der unser Hinweg erfolgt ist.

Hält man sich immer am Meer entlang, kommt man direkt zum äußersten östlichen Rand des Strandes von Sa Coma, dort, wo der Sand in Felsen übergeht. Hier kann man nun einen Badestopp einlegen, oder aber man folgt gleich weiter der Küste, bis man aufs Ende der Straße Avinguda de ses Palmeres trifft. Auf dieser geht man landeinwärts, bis man bei der übernächsten Kreuzung wieder den Ausgangspunkt, die Tourismusinformation von **Sa Coma** ❶ erreicht.

Halbtagesausflug

ab 3 Jahren

31

Mit dem Auto durch die Steppe

Besuch im Safaripark bei Sa Coma

Wo man Tiere der Wildnis aus nächster Nähe erleben kann

Um Affen, Antilopen, Zebras und viele andere Tiere direkt vom Autofenster aus zu sehen, muss man nicht nach Afrika fahren – dieses Erlebnis kann man auch mitten auf Mallorca haben. Der Safaripark ist einzigartig auf der Insel und besteht nicht nur aus einem weiträumigen Areal, das mit dem Auto durchfahren wird, sondern es gibt auch einen angeschlossenen Bereich mit weiteren Tiergehegen, der zu Fuß durchwandert werden kann.

Anfahrt: Der Safaripark liegt direkt an der Ma-4023 zwischen Porto Cristo und Cala Millor und kann nicht verfehlt werden. Von Sa Coma und Cala Millor aus wird ein Zubringerbus angeboten, Informationen und Haltestellen siehe Website (Navi: Carretera Porto Cristo-Son Servera, km 5, 07680 Porto Cristo).
Öffnungszeiten: In der Sommersaison täglich von 9.30 bis 18.30 Uhr, in der Wintersaison täglich von 10 bis 16 Uhr geöffnet.
Kosten: Eintritt für Erwachsene 19 €, für Kinder bis 12 Jahre 12 €.
Einkehr: Im Zoobereich nach der Ausfahrt aus dem Safaripark gibt es einen Imbiss mit Snacks und Getränken, darüber hinaus befinden sich zahlreiche Lokale in den benachbarten Orten Cala Millor und Sa Coma.
Informationen: Tel. +34 971 810909, www.safari-zoo.com/mallorca/

Ein Besuch des Safariparks in Sa Coma ist nicht nur für Kinder, sondern auch für Erwachsene ein besonderes Erlebnis. Er besteht aus zwei Bereichen: Einem weitläufigen, an die afrikanische Savanne erinnernden Gelände, das mit dem eigenen Auto oder einem »Safarizug« durchfahren wird, und einem daran angeschlossenen herkömmlichen Tierpark mit zahlreichen Gehegen. Der »Safarizug« fährt von 10 bis 16 Uhr etwa alle 45 Minuten und steht gratis für alle zur Verfügung, die entweder öffentlich anreisen oder nicht mit dem eigenen Auto fahren wollen. Dass dieser Zug aus offenen Waggons besteht – und dass man während der Fahrt mit dem eigenen Auto die Fenster öffnen darf! – trägt viel zum Erlebnis bei, denn man fühlt sich so gleich viel näher bei den Tieren. Allerdings sollte man die Fenster schnell schließen, wenn neugierige Äffchen in der Nähe sind – sofern man nicht blinde Passagiere im Auto haben möchte. Die Affen kennen nämlich keinerlei Respekt oder Scheu, klettern auf die Fahrzeuge hinauf und fahren auch schon mal

Die Affen im Safaripark lieben es, direkt auf die Autos zu klettern.

Im Safaripark fühlt man sich fast wie in Afrika.

am Dach oder auf der Motorhaube sitzend ein Stück mit.
Entlang der etwa zweieinhalb Kilometer langen, in Schlangenlinien verlaufenden Straße durch den Park kann man Strauße, Giraffen, Zebras und verschiedene Antilopenarten aus nächster Nähe sehen. Dabei sollte man sich ruhig Zeit lassen und sich auch nicht von nachkommenden Autos drängen lassen. Raubtiere gibt es selbstverständlich in diesem Bereich keine, und alle Tiere, die einem gefährlich werden könnten, wie die Nashörner und Nilpferde, befinden sich in einem eigenen mit einer Mauer abgetrennten Bereich neben der Straße.
Nachdem man den Safari-Teil durchfahren hat, kommt man zu einem großen Parkplatz, wo man das Auto abstellen kann, um den Tierpark zu besichtigen. In diesem gibt es ebenfalls eine große Zahl von Tieren zu sehen, verschiedene Vögel, Affen, Raubkatzen und Elefanten. Dabei muss man bedenken, dass der Zoo gerade sein 50-jähriges Bestehen gefeiert hat und dass manche der Gehege nicht mehr dem Stand der Zeit entsprechen. Im Tierpark gibt es auch einen Kinderspielplatz, einen Streichelzoo sowie ein Café.

Im Tierpark gibt es auch einen großen Spielplatz.

1.00 Std.

ab 3 Jahren

32

Geheimnisvolle Unterwelt

Durch unterirdische Reiche bei Porto Cristo

Zwei der spektakulärsten Höhlen der Insel

In der Stadt Porto Cristo an der Südostküste Mallorcas gibt es gleich zwei spektakuläre Höhlen, die man besichtigen kann und die zu den beliebtesten Touristenzielen der Insel zählen: Coves del Drac (auch Cuevas del Drach, Drachenhöhlen) und die Coves dels Hams (Angelhaken-Höhlen). Beide werden laufend von Reisebussen angefahren und sind entsprechend gut besucht; wer es lieber familiärer und ruhiger hat, der sollte sich für die Coves de Artà (Tour 29), die Coves de Campanet (Tour 21) oder die in einem Vorort von Palma gelegenen Coves de Genóva (Tour 1) entscheiden.

a) Coves del Drac

Anfahrt: Die Höhle befindet sich direkt an der westlichen Ortseinfahrt von Puerto Cristo an der Ma-4014. Wer aus Richtung Manacor kommt, folgt beim Kreisverkehr der nicht zu übersehenden Beschilderung nach rechts über die Umfahrungsstraße (Navi: Carretera de les Coves, s/n, 07680 Porto Cristo). Sämtliche Busse, die nach Porto Cristo fahren, haben eine Haltestelle direkt bei den Höhlen.

Ausrüstung: Normale Straßenschuhe und -bekleidung.

Besuchszeit: 1 Std.

Öffnungszeiten: Der Eintritt in die Höhle ist jeweils nur zu bestimmten Zeiten möglich, und zwar von Mitte März bis Ende Oktober um 10, 11, 12, 14, 15, 16 und 17 Uhr. Im Winter um 10.30, 12, 14 und 15.30 Uhr.

Kosten: Erwachsene ab 13 Jahren 16 €, Kinder von 3–12 Jahren 9 €. Karten können auch online gekauft werden, kosten dann 1 € pro Person weniger, man erspart sich die Warteschlangen und kann einen bestimmten Termin wählen. Praktisch: Die Tickets müssen nicht ausgedruckt werden, es reicht, diese auf dem Handy zu speichern.

Einkehr: Beim Eingang zu den Höhlen gibt es eine Cafeteria mit Imbissen und Getränken. Zahlreiche weitere Lokale befinden sich in Porto Cristo. Rund um den Parkplatz gibt es auch mehrere Picknickbereiche.

Hinweis: Die Temperatur im Inneren der Höhle beträgt ganzjährig etwa 21 Grad. Fotografieren ist ohne Blitz und Stativ erlaubt, außer während der Konzertvorführung.

Informationen: Tel. +34 971 820753, www.cuevasdeldrach.com

Die Drachenhöhle ist nicht nur mit Abstand die bekannteste und meistbesuchte Höhle Mallorcas, sondern wohl auch die größte und spektakulärste. Schließlich kann sie mit dem größten unterirdischen See Europas aufwarten. Im Gegensatz zu ande-

Der unterirdische See in der Drachenhöhle.

ren Schauhöhlen gibt es hier keine Führungen, das wäre bei dieser Menge an Besuchern auch kaum mehr möglich: Jeweils 300 bis 400 Personen werden gleichzeitig in die Höhle gelassen und können den insgesamt 1,2 Kilometer langen unterirdischen Weg alleine zurücklegen. Erklärungen gibt es dabei keine, dafür kann man auch jederzeit stehenbleiben und einzelne der spektakulären Tropfsteinformationen in den riesigen unterirdischen Hallen ausgiebiger bewundern.

Im 1100 Besucher fassenden »Auditorium« mit Blick auf den über 170 Meter langen und um die 40 Meter breiten unterirdischen Martelsee nimmt man auf Bankreihen Platz. Circa zehn Minuten, während derer man weder fotografieren noch filmen darf, kreisen beleuchtete Ruderboote auf dem See, und es wird ein Live-Konzert der Barcarole aus »Hoffmann's Erzählungen« geboten. Anschließend kann man sich mit einem Ruderboot rund 200 Meter weit über den See fahren lassen, man kann aber auch – wenn einem die Wartezeit auf die Bootsfahrt zu lange ist – zu Fuß zum Ausgang weitergehen.

Hallo Kinder,

wie schon der Name erahnen lässt, ranken sich um keine andere Höhle auf Mallorca so viele Legenden wie um die Coves del Drac. Das liegt vermutlich auch daran, dass sie im Gegensatz zu den anderen Höhlen Mallorcas nicht erst in jüngerer Zeit entdeckt wurde, sondern nachweislich bereits den Ureinwohnern Mallorcas um etwa 1000 vor Christus bekannt war. Doch weder diese noch spätere Besucher wagten sich weiter hinein als in Sichtweite des Ausgangs. Dafür kursierte das Gerücht, nicht nur Piraten, sondern auch der Orden der Templer habe in dieser Höhle Schätze verborgen, die dort von einem mächtigen Drachen bewacht würden.

Erst 1339 ließ der Gouverneur von Mallorca eine Gruppe von Soldaten nach diesen angeblichen Schätzen suchen; dabei entstanden auch die ersten Karten und Aufzeichnungen über die Höhle. Die erste systematisch Erforschung fand Ende des 19. Jahrhunderts durch den französischen Höhlenforscher Édouard Alfred Martel im Auftrag des österreichischen Erzherzogs Ludwig Salvator statt. Dabei drang Martel 1300 Meter tief in die Höhle vor und entdeckte den unterirdischen See.

In den 1920er-Jahren begann die Erschließung der Höhle für Besucher. Es wurden Wege und Treppen angelegt und 1929 der heutige Haupteingang neu geschaffen. Aber nicht genug damit: Hättet ihr gedacht, dass auch die Idee, die Höhle stimmungsvoll zu beleuchten und im Inneren Konzerte zu geben, bereits fast 90 Jahre alt ist? 1934 wurde die Höhle mit einer speziellen Beleuchtung ausgestattet und schon damals fuhren Orchesterboote über den unterirdischen See. Seither hat sich die Höhle zu einer der wichtigsten touristischen Attraktionen Mallorcas und damit zu einer wahren Goldgrube entwickelt – den angeblichen Schatz der Templer hingegen hat bis heute niemand gefunden.

a) Coves dels Hams

Anfahrt: Auch diese Höhle kann man wegen der zahlreichen Wegweiser und Werbeschilder nicht verfehlen. Sie befindet sich an der Ausfahrtsstraße von Porto Cristo Richtung Manacor (Navi: Carretera Ma-4020 Manacor–Porto Cristo, km. 11, 07680 Porto Cristo).
Öffentlich mit Bussen der Linien 412, 447, 451 oder 832A (Haltestelle 200 m vom Eingang) oder mit einem der Gratis-Zubringerbusse, die von mehreren Stellen im Zentrum von Porto Cristo abfahren.
Anforderungen: Die Wege im Inneren der Höhle sind betoniert, stellenweise aber nass, und es ist ein Höhenunterschied von rund 100 Metern über teilweise steile Stufen zu bewältigen.
Ausrüstung: Für die Höhlenbesichtigung benötigt man keine besondere Ausrüstung; aufgrund der darin ganzjährig vorherrschenden Temperatur von 21 Grad ist auch keine warme Kleidung nötig.
Besuchszeit: 1 Std.
Öffnungszeiten: Täglich ab 10 Uhr geöffnet, Juli bis Oktober bis 17.00 Uhr, April, Mai, Juni und erste Novemberhälfte bis 16.30 Uhr, Mitte November bis März bis 16 Uhr.
Kosten: Eintritt für Erwachsene 22 €, für Kinder 11 €.
Einkehr: Direkt beim Eingang der Höhle gibt es einen Imbiss mit Snacks, Getränken und Eis, beim Ausgang ein größeres Restaurant, in dem auch kleine Speisen verkauft werden. Wenn man an einer der letzten Führungen des Tages teilnimmt, ist das Restaurant allerdings bereits geschlossen.
Informationen: Tel. +34 971 820988, www.cuevasdelshams.com

Auch wenn die Coves dels Hams schon früher als die Drachenhöhle für Besucher erschlossen wurden, sind sie nicht ganz so bekannt und überlaufen wie diese. Die Höhle ist bereits seit 1910 für die Öffentlichkeit zugänglich, nachdem sie fünf Jahre zuvor bei Grabungsarbeiten zufällig entdeckt wurde. Auch hier gibt es einen in etwa 30 Meter Tiefe gelegenen unterirdischen See, der aber bei Weitem nicht so groß und weitläufig ist wie der in der Drachenhöhle.
Vom Parkplatz mit dem Ticketverkauf steigt man zunächst über zahllose Stufen in eine große, tiefe Grube mit teilweise überhängenden Felswänden hinab, vorbei an einem terrassenförmig angelegten, kleinen botanischen Garten. Diese »Runde Höhle« war vor Jahrmillionen ebenfalls geschlossen, bevor ein Teil der Decke eingestürzt ist. Am tiefsten Punkt befinden sich eine Bar und ein Bereich mit Tischen und Stühlen, wo man die Wartezeit auf den Einlass überbrücken kann.

In der »Angelhakenhöhle« bilden die Tropfsteine einzigartige Formen.

Badetipp

Wenn man an einem Sommertag die angenehm kühlen Höhlen verlässt, fühlt sich die Außentemperatur gleich doppelt so hoch an. Wie gut, dass es in der Nähe eine Möglichkeit gibt, sich abzukühlen.
Normalerweise sind Strände mitten in einer Stadt nicht so reizvoll wie solche in abgelegenen, einsamen Buchten – aber der Stadtstrand von Porto Cristo bildet hier eine Ausnahme. Er liegt geschützt in einer S-förmigen, weit ins Landesinnere hereinreichenden Bucht östlich des Yachthafens und besteht aus feinem Sand. Es gibt Restaurants direkt beim Strand, öffentliche Toiletten und Duschen.
Wem der Sandstrand zu langweilig wird, der kann am Ufer entlang ans östliche Ende der Bucht gehen, wo ein Weg direkt am felsigen Ufer entlang zu den Coves Blanques führt. Im 19. Jahrhundert waren diese nach der Farbe der Felsen benannten »Weißen Höhlen« von Fischern bewohnt. Jetzt sind in einer der Höhlen neben einer Info-Tafel zum Thema Fischfang Fischereigeräte ausgestellt. Man kommt an weiteren Höhlen vorbei, bis der Weg endet. Hier können gute Schwimmer über die Felsen abklettern und in halb unter Wasser stehende kleine Höhlen hineinschwimmen.

Zunächst besucht man die sogenannte »Blaue Höhle«. Gleich zu Anfang wird dort auf einer Leinwand die Geschichte des Entdeckers der Höhle in Form eines kurzen Filmes präsentiert. Anschließend steigt man über Stufen hinauf zum sogenannten »Höllenloch«, einer riesigen natürlichen Höhle, an deren Wänden ein weiterer Film über die Entstehung der Erde und des Lebens darauf vom Urknall bis heute gezeigt wird – ohne besonderen Anspruch auf Wissenschaftlichkeit.
Man kehrt zurück in die »Runde Höhle« und geht über Stufen hinauf zum am entgegengesetzten Ende liegenden Eingang in die Haupthöhle (auch als »Klassische Höhle« bezeichnet).
Auf dem etwa 700 Meter langen unterirdischen Weg durchquert man zahlreiche Stollen und Grotten mit fantasievollen Namen, wie »Das verlorene Paradies«, den »Feenfriedhof« oder den »Zauberstadtsee«. Eine Führung im eigentlichen Sinne gibt es auch hier nicht, es gibt lediglich in jedem Saal der Höhle einen Lautsprecher, aus dem in Dauerschleife abwechselnd in verschiedenen Sprachen einige Worte zu diesem Abschnitt der Tour erläutert werden. Hier sieht man auch die besonderen Tropfsteinformationen, nach denen die Höhle ihren Namen bekommen hat: Sie wachsen nicht gleichmäßig nach unten, sondern verästeln sich in mehrere dünne Ausläufer, die zum Teil in einem Bogen nach oben wachsen wie »hams« – das mallorquinische Wort für Angelhaken.
Am tiefsten Punkt der Höhle, dem »venezianischen Meer«, gibt es schließlich eine kurze Show mit Licht und Musik von Mozart, allerdings handelt es sich dabei nicht um ein Live-Konzert, sondern die Töne kommen nur aus dem Lautsprecher.
Danach steigt man durch den »Feenfriedhof« und den »Kaiserpalast« wieder nach oben, bis man schließlich den Ausgang der Höhle erreicht.

3.15 Std. | 6,6 km | ↗ 330 m | ↘ 330 m

ab 6 Jahren

Atemberaubende Ausblicke

Der Klosterberg Sant Salvador bei Felanitx

Abwechslungsreiche Wanderung auf schattigen Pilgerwegen

Südöstlich der Stadt Felanitx erheben sich zwei markante Berggipfel weithin über die umliegende Landschaft: der Puig de Sant Salvador mit dem gleichnamigen Kloster und der von einer mächtigen Burgruine gekrönte Puig de Santueri südlich davon. Zwar führt auf beide auch eine Straße, auf ersteren gibt es aber auch einen alten, einst von vielen Pilgern begangenen Fußweg, der zu einer schönen Wanderung einlädt. Am Gipfel wartet nicht nur eine grandiose Aussicht, sondern auch ein sehenswertes altes Kloster mit Einkehrmöglichkeit.

Ausgangspunkt: Parkplatz am Fuß des Berges Sant Salvador (Navi: Ma-4011, 07208 Felanitx; N39.461001, E3.174920).
Anfahrt: Von der Ma-4010 Felanitx–Porto Cristo zweigt bei km 1,3 zwischen zwei auffälligen, von Kreuzen gekrönten Steinmauern die Zufahrtsstraße zum Kloster, die Ma-4011 ab. Auf dieser fährt man noch weitere 1,3 km bis zu einem links der Straße gelegenen großen, aber unbefestigten Parkplatz. Kein öffentliches Verkehrsmittel.

Anforderungen: Technisch einfache Wanderung auf gut befestigten Wegen, teilweise über Stufen. Aufgrund des Höhenunterschiedes und der starken Steigungen aber relativ anstrengend.
Ausrüstung: Feste Wanderschuhe, ausreichend Trinkwasser, Regen- und Sonnenschutz.
Einkehr: Kleines Restaurant direkt beim Kloster. Es gibt auch zahlreiche Picknicktische und einen Brunnen mit Trinkwasser vor dem Klostereingang.

Das Kreuz Creu de Picot auf dem Puig des Milà.

Vom **Parkplatz ❶** am Fuß des Puig de Sant Salvador gehen wir auf die andere Seite der Asphaltstraße und folgen einem Wanderweg, der mit Holzpflöcken mit einem roten Punkt markiert ist. Nach etwa 100 Metern trifft man wieder auf die Straße und geht ein Stück diese bergauf. Nach der nächsten Linkskurve zweigt der Wanderweg wieder halb rechts ab. Man schneidet ein längeres Straßenstück ab, dann wird der Asphalt viermal kurz hintereinander gekreuzt. Wo man das nächste Mal wieder auf die Straße trifft, folgt man dieser nach rechts bergauf, bis in der folgenden Linkskurve abermals der Wanderweg halb rechts abzweigt. Er verläuft an einem Hang unterhalb der Straße und erreicht diese wieder bei einer **Kapelle ❷**, bei der man eine kurze Rast einlegen kann.

Auch in der Folge kreuzt der Wanderweg die in weiten Serpentinen angelegte Straße mehrmals bzw. folgt dieser auf kurzen Stücken. Man kommt immer wieder an Kreuzwegstationen vorbei und erreicht etwa 25 Minuten ab der Kapelle den Bergkamm. Rechts ist bereits das Kloster sichtbar, doch zunächst wenden wir uns nach links und gehen kurz auf der Straße bergab, direkt auf einen Felsengipfel, den Puig des Milà, mit einem markanten Kreuz zu. Zu diesem, dem **Creu de Picot ❸**, führt ein gut befestigter, in Serpentinen angelegter Fußweg hinauf. Das 14 Meter hohe Steinkreuz ist von einer kreisrunden Aussichtsplattform umgeben, und schon von hier ist der Ausblick überwältigend. Bei klarem Wetter kann man die gesamte Südküste Mallorcas sehen, im Norden reicht der Blick bis zu den Bergen der Serra de Tramuntana.

Wir kehren zu der Stelle zurück, an der wir zuletzt auf die Straße getroffen sind, und folgen dem Wanderweg nach links weiter bergauf. Er führt an einem Picknickplatz vorbei zum **Kloster Sant Salvador ❹**. Vor dem Eingang liegt eine Aussichtsplattform mit einem Trinkwasserbrunnen; hier gibt es auch ein gemütliches Restaurant mit Terrasse.

Die Besichtigung des von außen wie eine Festung anmutenden Klosters

Blick zum wehrhaften Kloster.

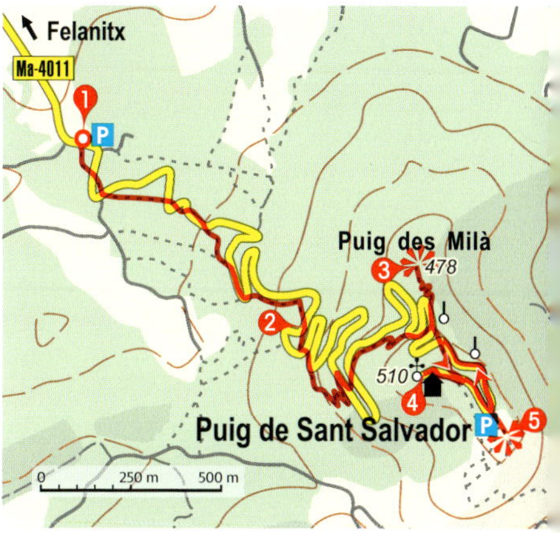

Vor dem Kloster gibt es einen Trinkbrunnen und einen Aussichtspunkt.

sollte man sich nicht entgehen lassen. Sehenswert ist die Klosterkirche ebenso wie die Krippe im Eingangsbereich, wo in einer künstlichen Höhle drei Szenen rund um die Geburt Christi dargestellt sind.

Für den Abstieg wählen wir nun nicht den Weg, auf dem wir gekommen sind, sondern gehen auf der Straße bis zu einem großen Parkplatz am Ende des Bergkamms, an dessen anderem Ende eine Freitreppe zum Monument des Christkönigs, **Cristo Rei 5**, führt. Auch hier gibt es wieder einen fantastischen Ausblick, sowohl von einer unteren Plattform auf Höhe des Parkplatzes als auch von einer weiteren, einen Stock höher auf dem Dach der Kapelle, die im Sockel des 30 Meter hohen, von einer 7 Meter hohen Christusstatue gekrönten Monuments untergebracht ist.

Wir gehen vom westlichen Ende des Parkplatzes die bergab führende Straße entlang, kommen unterhalb des vom Aufstieg bekannten Picknickplatzes vorbei und können in weiterer Folge von Mal zu Mal wählen, ob wir wieder den kürzeren, aber steileren Fußweg für den Abstieg nehmen oder der etwas weiteren, dafür aber bequemeren Straße folgen wollen. Wählt man letztere, kommt man am Abstieg noch an einer weiteren kleinen Aussichtsplattform vorbei, von der aus man sehr schön sehen kann, wie sich die Straße in zahllosen Serpentinen ins Tal schlängelt. Welchen Weg man auch wählt – man passiert auf jeden Fall wieder die **Kapelle 2** und erreicht zuletzt wieder den **Parkplatz 1** am Fuß des Berges.

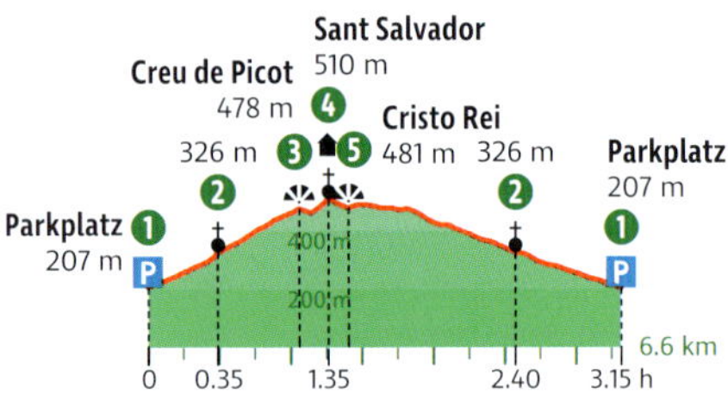

Castell de Santueri – Felsenburg mit Panorama

Wenn man in der Nähe von Felanitx ist, sollte man sich auch den Besuch der Burgruine auf dem benachbarten knapp über 400 Meter hohen Tafelberg Puig de Santueri nicht entgehen lassen. Man kann auf einer schmalen Asphaltstraße bis direkt unterhalb der Burg mit dem Auto fahren. Vom Parkplatz geht es vorbei am Kassenhäuschen über einen Stufenweg zum Torgebäude mit zinnenbewehrten, eindrucksvollen Mauern. Der Rundweg um das Gipfelplateau lässt die einstige Größe der Anlage erahnen.

Auch wenn der am besten erhaltene Teil der Burg direkt beim Eingang liegt und sonst nur eher spärliche Mauerreste vorhanden sind, lohnt sich der Aufstieg schon alleine wegen der grandiosen Aussicht Richtung Landesinneres und Meer (Porto Petro).

Anfahrt: Südlich von Felanitx zweigt bei km 13,7 von der Ma-14 eine schmale Asphaltstraße ab, beschildert mit einem rosa Wegweiser »Castell de Santueri«.

Kosten: Eintritt für Personen über 12 Jahre 4 €, darunter frei.

Öffnungszeiten: 15. April bis 31. Oktober täglich von 10.30 bis 18 Uhr.

Informationen: www.santueri.org

Die eindrucksvollen Außenmauern des Castell de Santueri.

1.30–2.00 Std.

ab 5 Jahren

34

Reise in Mallorcas Vergangenheit

Das Landgut Els Calderers de Sant Joan bei Manacor

Hier erwacht die Vergangenheit Mallorcas zum Leben

Möglichkeiten, bei einem Besuch eines historischen Gutshofs in die Geschichte der Baleareninsel abzutauchen, gibt es mehrere. Eines der schönsten und stimmungsvollsten alten Gehöfte ist Els Calderers unweit der Schnellstraße von Palma Richtung Manacor. Hier gibt es nicht nur ein schönes altes Haus, in dem die Zeit stehengeblieben zu sein scheint, sondern auch zahlreiche Nebengebäude und eine größere Zahl von Tiergehegen.

Anfahrt: Auf der Ma-15 bis zum Kreisverkehr bei km 36, ab dort ist die Zufahrt nach »Dels Calderers« bereits beschildert: Man fährt etwa 200 m parallel zur Schnellstraße Richtung Vilafranca und biegt dann links auf eine schmale Zufahrtsstraße ab (Navi: Finca Els Calderers, Camino Els Calderers, 07240 Sant Joan).
Kein öffentliches Verkehrsmittel.
Öffnungszeiten: Täglich 10–17.30 Uhr.
Kosten: Eintritt für Erwachsene 9 €, für Kinder bis 12 Jahre 4,50 €.
Einkehr: Direkt auf dem Landgut gibt es nur Kaffee, Getränke, Eis und kleine Snacks zu kaufen.
Informationen: Tel. +34 971 526069, elscalderers.com

Die Finca Els Calderers de Sant Joan mag zwar kleiner sein als das Landgut La Granja (Tour 10), aber während man dort einen Querschnitt von Ausstellungsstücken verschiedener Epochen vom 13. bis zum 19. Jahrhundert zusammengestellt hat, bietet Els Calderers ein in sich stimmiges Bild eines Gutshofes vom Ende des 19. Jahrhunderts. Dadurch fühlt man sich regelrecht in jene Zeit zurückversetzt, und in vielen Räumen hat man das Gefühl, die früheren Besitzer könnten jeden Moment zurückkommen und sich an die festlich gedeckte Tafel oder an den Schreibtisch im Arbeitszimmer setzen, so lebendig und authentisch wirkt alles.

Vom Parkplatz geht man die Zufahrtsstraße zum Landgut hinauf, vorbei an einem Kassenhäuschen. Falls dieses nicht besetzt ist, kann man die Eintrittskarten im Café kaufen, das sich gleich nach dem Betreten des Areals rechts befindet. Dort erhält man auch einen Zettel mit einer deutschsprachigen Beschreibung der Räume. Mit diesem ausgerüstet betritt man nun das aus dem 18. Jahrhundert stammende Hauptgebäude und folgt darin der Nummerierung der Räume, die sich alle um einen schattigen Innenhof mit Brunnen herum gruppieren.

Die Dame im Musikzimmer ist leider nur eine Puppe.

In der Küche kann man richtig Appetit bekommen.

Man kommt durch ein Empfangszimmer, ein Wohnzimmer und eine Kapelle zu einer Tordurchfahrt, von der aus man weiter in einen geräumigen Weinkeller mit Fässern und Destillierapparaten gelangt. Für Erwachsene gibt es hier auch Wein zu verkosten, der in kleinen Bechern bereitsteht.

Die nächsten Stationen sind das Jagdzimmer, eine Bibliothek und ein originalgetreu eingerichtetes Arbeitszimmer mit Blick auf den Innenhof. Nachdem man die Küche durchquert hat, gelangt man in den Speisesaal mit festlich gedeckter Tafel. Nachdem man ein Musikzimmer und zwei weitere Wohnzimmer durchquert hat, kommt man an einem Gästebuch vorbei, in das man sich eintragen kann, und gelangt über eine Treppe hinauf in den ersten Stock.

Auch hier gibt es wieder viel Interessantes zu sehen, ein Schlafzimmer mit zwei getrennten Ankleidezimmern für die Dame und den Herrn des Hauses sowie ein zeitgenössisches Badezimmer. Über einen Dachboden, auf dem früher Korn gelagert wurde und auf dem heute verschiedene landwirtschaftliche Geräte ausgestellt sind, kommt man zu einer Treppe, die wieder nach unten ins Erdgeschoss führt, vorbei an Räumen der Dienstboten und einer Küche, in der die Landarbeiter auch gegessen haben. Hier gibt es zum Abschluss der Tour durch das Haus noch kleine Snacks zum Verkosten.

Man kommt wieder ins Freie und geht nun an einem Backofen, einer Wäscherei und einer Voliere mit Pfauentauben vorbei hinunter zu den Ställen mit verschiedenen einheimischen Tierarten, wie einer Kuh, Ziegen, schwarzen Schweinen, Hühnern und Gänsen. Hier gibt es auch eine Tischlerei, eine Schmiede und Mühlen für Getreide und Mandeln zu sehen. Zuletzt geht man an einer Koppel mit Pferden und Eseln vorbei zurück zum Innenhof mit dem Café und dem Andenkenladen, wo man auch Produkte aus einheimischer Erzeugung kaufen kann.

2.00 Std. | 3,7 km | ↗ 200 m | ↘ 200 m | ab 8 Jahren

Aufstieg auf den Heiligen Berg

Wanderung auf den Puig de Randa

Fantastische Ausblicke und ein sehenswertes Kloster im Herzen der Insel

Neben dem Kloster von Lluc im Norden der Insel (siehe Tour 20) ist der Puig de Randa nördlich von Llucmajor das zweitwichtigste spirituelle Zentrum Mallorcas. Dieser Berg, auf dem nicht weniger als drei Klosteranlagen errichtet wurden, kann im Rahmen einer Rundwanderung erkundet werden; wem das zu anstrengend ist, der kann auch auf einer schmalen und kurvigen Asphaltstraße direkt bis zum wichtigsten der Klöster, dem Santuari de Cura fahren, wo es ein sehenswertes kleines Museum und eine Einkehrmöglichkeit gibt.

Ausgangspunkt: Parkplatz an der Zufahrtsstraße zum Kloster Santuari de Gracia (Navi: Ma-5018, 503, 07629 Algaida; N39.518818, E2.924097).
Anfahrt: Auf der Ma-15 fährt man bis zur Ausfahrt 21 bei Algaida und dann auf der Ma-5010 Richtung Llucmajor, bis nach links beschildert die Straße in den Ort Randa abzweigt. Von hier auf der Ma-5018 bis km 1,3. Kein öffentliches Verkehrsmittel.
Anforderungen: Teilweise steile und recht steinige Wege, die großteils nur wenig Schatten bieten.
Ausrüstung: Gutes und festes, am besten knöchelhohes Schuhwerk ist für die Wanderung erforderlich. Ausreichend Trinkwasser und Sonnenschutz.
Öffnungszeiten: Museum, Kirche und Souvenirladen des Klosters Santuari de Cura sind täglich von 10 bis 13.30 Uhr und von 15 bis 18 Uhr geöffnet, die Cafeteria durchgehend von 8.15 Uhr bis 19 Uhr, das Restaurant von 12 bis 16 Uhr und von 19 bis 22 Uhr.
Einkehr: Im Kloster Santuari de Cura gibt es ein Restaurant und eine Cafeteria.
Informationen: Tel. +34 971 120260, www.santuaridecura.com/de

Ausgangspunkt der Wanderung ist die Abzweigung der Straße zum Kloster **Santuari de Gracia** ❶ bei Straßenkilometer 1,3 (Parkmöglichkeit). Das aus dem 15. Jahrhundert stammende Kloster selbst, das unter einer überhängenden Felswand erbaut ist, und der dahinter gelegene Aussichtspunkt sind einen Abstecher wert, allerdings musste der Zugang in den letzten Jahren immer wieder wegen Felsstürzen gesperrt werden, so zuletzt auch 2019.

Vom Parkplatz wandern wir einen Fußweg bergauf, der eine Kurve der

Das Haupttor des Klosters Santuari de Cura.

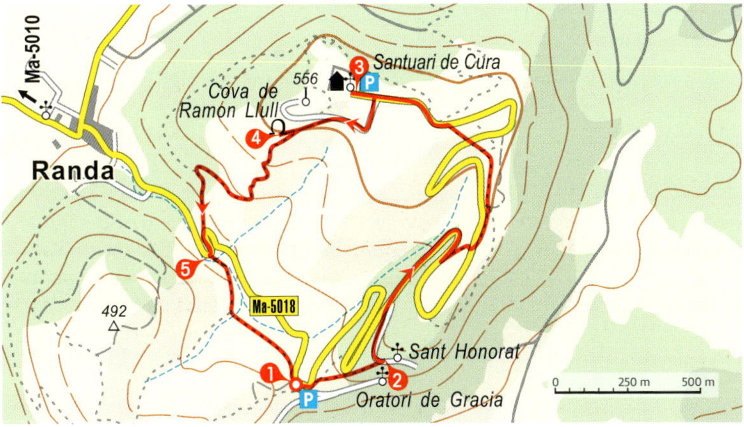

zum obersten Kloster führenden Asphaltstraße abschneidet. Wenige Meter weiter geht es auf der Straße bis zu einer Linkskurve, von der unser Weg nach rechts bergauf führt. Kurz danach zweigt ein schmälerer Weg nach rechts aufwärts ab, den wir nehmen. Dieser verläuft bald entlang einer Telegrafenleitung neben einer Steinmauer; links oberhalb sieht man eine Kurve der Straße.

Der Weg führt zum Parkplatz des Klosters **Ermita de Sant Honorat** **2** der Missioners dels Sagrats Cors (nicht öffentlich zugänglich). Hier gehen wir auf der asphaltierten Zufahrtsstraße des Klosters leicht bergab, ein Wegweiser »Randa 1,8« zeigt diese entlang. Wir folgen der Straße, bis sie auf eine breitere trifft. Hier zeigt ein Wegweiser nach links, wieder »Randa 1,8«, einer nach rechts: »Santuari de Cura 3,4«. Letzterem folgen wir auf der kaum befahrenen Straße bis zu einer Serpentine nach rechts. In dieser zweigt ein Fußweg nach links bergauf ab, den wir nehmen. Er schneidet ein gutes Stück der Straße ab, auf die man wieder trifft. Nur wenige Meter weiter ist das niedrige Steinmäuerchen rechts neben der Straße durchbrochen, und ein Weg führt, zuerst fast parallel zur Straße, bergauf.

Wo ein Fußweg nach rechts abzweigt, gehen wir weiter geradeaus und treffen gleich wieder auf die Straße, die wir queren. Der Fußweg scheint direkt auf die weiße Kugel einer Radarstation zuzuführen. Diese liegt tatsächlich bald links der Asphaltstraße, auf die der Weg wie-

Kurz vor dem Gipfel kommt die Radarstation in Sicht.

Rastplatz mit Ausblick im Klosterareal.

der trifft und der wir folgen. Gleich hinter der Radarstation liegt der Parkplatz des am höchsten Punkt des Puig de Randa gelegenen **Santuari de Nostra Senyora de Cura 3** mit kleinem Museum, einer Kirche mit elektrischen Kerzen, die nach Münzeinwurf leuchten, auf einer Steinmauer platzierten Skulpturen aus landwirtschaftlichen Geräten und einem metallenen Baum aus Kreuzen. Auch eine Herberge, einen Souvenirshop und ein Restaurant gibt es hier.

Der Rückweg: Zwischen Radarstation und Klostergelände zweigt nach rechts bergab eine Asphaltstraße ab, die kurz nach einem Rechtsknick von einem Gittertor versperrt ist. Hier zweigt ein von einer Steinmauer begrenzter breiter Weg zur **Cova de Ramon Llull 4** ab. Die Höhle war zuletzt (2019) wegen Renovierungsarbeiten allerdings nicht zugänglich. Nach etwas mehr als dem halben Weg zur Höhle zweigt ein schmaler Fußpfad bergab nach (vom Kloster aus gesehen) links ab, dem wir nach dem Abstecher zur Höhle folgen. Der Pfad führt zuerst leichter, dann sehr steil, dann wieder leichter bergab durch niedriges Buschwerk und trockenes Gras. Wer steile, steinige Wege und pralle Sonne nicht mag, sollte lieber auf dem Hinweg zurückgehen. Nachdem man ein Schotterfeld gequert hat (hier wachsen auch wieder niedrige Bäume), biegt der Pfad nach links und trifft auf einen breiteren querenden Weg. Hier ist auf einem Stein »Cura« und ein Pfeil in die Richtung, aus der wir gekommen sind, eingraviert. Weiter geht es links bergab, wo man wieder das Schotterfeld quert.

Der Weg trifft auf die Asphaltstraße. Wir folgen dieser bergab und verlassen sie in der nächsten **Rechtskurve 5** rechts von einem Eisentor mit der Aufschrift »Coto privado de caza«, wo man über eine niedrige Stelle in einer Steinmauer steigen kann. Hinter dieser geht es nach links bergab und nach rechts leicht bergauf – Letzteres ist der richtige Weg, der »Camí vell de Randa al Santuari de Cura« – ein Überrest des alten Pilgerweges zum Kloster. Bei einer Gabelung geht es schräg nach links weiter, immer leicht bergauf. Schließlich ist rechts ein weiteres Eisentor, das sich öffnen lässt. Durch ein steinernes Portal erreichen wir den Parkplatz beim **Santuari de Gracia 1**, unseren Ausgangspunkt.

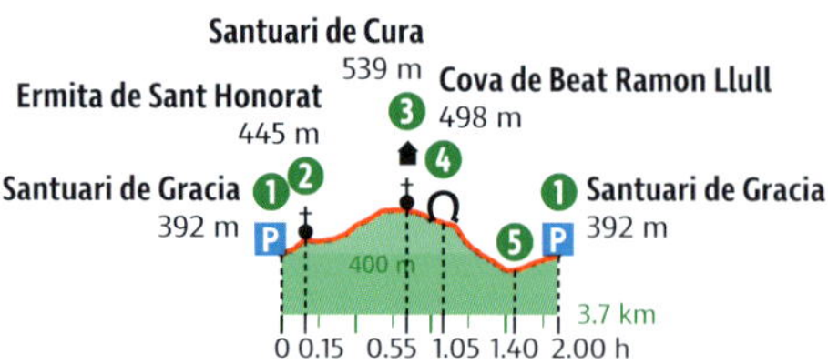

ab 5 Jahren

1.30–2.00 Std.

36

Riesen aus der Urzeit

Besuch auf der Straußenfarm Artestruz bei Campos

Ein ganz besonderes Erlebnis für Tierliebhaber

Ein ganz besonderes und auf Mallorca einzigartiges Erlebnis ist ein Besuch auf der Straußenfarm »Artestruz« südlich der Stadt Campos. Hier kann man nicht nur viel über die riesigen, flugunfähigen Vögel erfahren, sie füttern und aus nächster Nähe sehen, kleinere Kinder können sogar auf einem besonders zahmen und gutmütigen Strauß reiten. Ein unvergessliches Erlebnis ist auch die Begegnung mit den flauschigen Jungvögeln, die man im Rahmen einer Führung kennenlernen kann.

Anfahrt: Man fährt auf der Ma-19 nach Campos und nimmt dort die Ma-6030 Richtung Sa Ràpita. Nach knapp 5 km beim Kreisverkehr die dritte Ausfahrt auf die Ma-6014 nehmen; 2 km weiter liegt die Straußenfarm auf der linken Straßenseite (großes Schild) (Navi: Ma-6014, km 40, 07630 Campos).
Kein öffentliches Verkehrsmittel.

Öffnungszeiten: Von März bis Oktober täglich außer Sonntag, im Winter nur Donnerstag bis Samstag geöffnet. Um 11.30 Uhr findet eine Führung statt, die etwa eine Stunde dauert; nachmittags von 13.30 bis 16.30 Uhr ist es möglich, die Farm ohne Führung zu besuchen.

Kosten: Mit Führung Erwachsene über 12 Jahre 14 €, Kinder 7 €. Ohne Führung Erwachsene 10 €, Kinder 5 €. Vogelfutter 5 €. Straußenreiten für Kinder bis 35 kg Maximalgewicht 40 €.

Einkehr: Getränke und kleine Imbisse, gegen Voranmeldung wird auch ein Barbecue mit Straußenfleisch angeboten.

Informationen: Tel. +34 639 721735, www.artestruzmallorca.com

Das Füttern der Riesenvögel macht Spaß.

Jambo, der unangefochtene Star der Straußenfarm.

Eine der vielleicht originellsten und ungewöhnlichsten Attraktionen für Kinder und Erwachsene gleichermaßen ist die Straußenfarm Artestruz, die im Jahr 1998 mit Straußen aus Südafrika gegründet wurde. Die meisten heute hier lebenden Tiere sind aber bereits auf Mallorca geschlüpft.

Unumstrittener Star der Farm ist der zahme Strauß Jambo, der zwischen Eingang, Buffet und Shop frei herumspaziert, sich streicheln und fotografieren lässt. Er lässt sogar Kinder auf sich reiten, wofür man sich aber telefonisch anmelden und dann vor 11 Uhr vormittags hier sein muss. Füttern darf man ihn nicht; das Futter, das man beim Eingang bekommt – eine Schüssel mit Körnern und untergemischten kleinen Steinchen – ist für die Strauße gedacht, die sich in einem Gehege hinter einem zirka 1,40 Meter hohen Zaun befinden. Strauße brauchen diese Steinchen nämlich für ihre Verdauung und würden sie auch in freier Wildbahn mit der Nahrung aufnehmen. Beim Füttern hat man die Wahl zwischen dicken Arbeitshandschuhen und großen Holzlöffeln, nur sehr Unerschrockene bieten den Straußen das Futter mit der flachen Hand an. Tischmanieren kennen die Riesenvögel übrigens keine. Gierig schnappen sie nach dem ihnen dargebotenen Futter, und wer den großen Holzlöffel nicht richtig festhält, dem kann es schon passieren, dass ihm dieser aus der Hand geschlagen wird.

Um das meiste von einem Besuch auf der Farm zu haben, sollte man unbedingt am Vormittag herkommen und an einer Führung teilnehmen. Ohne diese ist der Besuch zwar auch ein Erlebnis, man erfährt aber weniger Wissenswertes und hat auch nicht die Gelegenheit, zum Gehege mit den Jungvögeln zu gelangen. Und das sollte man sich nicht entgehen lassen, denn während die ausgewachsenen Tiere schon ein wenig respekteinflößend und zum Teil alleine wegen ihrer Größe etwas bedrohlich wirken, sind die Straußenküken mit ihren gestreiften Hälsen und dem schwarz-weißen, vom Aussehen an Igelstacheln erinnernden weichen Gefieder einfach nur entzückend anzusehen. Im Rahmen der Führung kann man das Gehege der kleinen Vögel betreten und darf sie auch füttern.

Die Strauße auf der Farm haben übrigens gute Chancen auf ein hohes Alter, sie werden nämlich nicht geschlachtet. Das Straußen-Barbecue, das man im Restaurant probieren kann, stammt von Tieren anderer Farmen. Im Shop gibt es neben Straußenwurst auch handgefertigte Schuhe und Taschen, bemalte oder zu Lampen und anderen Produkten verarbeitete Eier sowie Federn und daraus gefertigten Schmuck.

Hallo Kinder,

habt ihr gewusst, dass Strauße unter den heute lebenden Vögeln diejenigen sind, die mit den Dinosauriern am nächsten verwandt sind? Außerdem sind sie mit 2,5 Metern Höhe auch die größten und mit bis zu 150 Kilogramm die schwersten heute lebenden Vögel. Sie gehören zu den Laufvögeln und können nicht fliegen. Strauße haben die größten Augen aller Landwirbeltiere und haben – auch dank des langen Halses – rund 7 Kilometer im Umkreis im Blick. Gegen Eindringlinge in ihr Territorium verteidigen sie sich mit Tritten ihrer zweizehigen krallenbewehrten Füße, die so kräftig sind, dass sie damit sogar Feinde töten können.

Es ist übrigens ein Märchen, dass Strauße bei Gefahr den Kopf in den Sand stecken. Warum sollten sie das auch tun – wenn doch Wegrennen viel effektiver ist. Mit einer Geschwindigkeit von bis zu 80 km/h entkommen sie so gut wie allen Feinden. Eine Geschwindigkeit von 50 km/h können Strauße im Dauerlauf für rund eine halbe Stunde halten!

Männchen könnt ihr an den schwarzen Deckfedern erkennen, bei den Weibchen sind diese braun. Bei Straußenbabys weiß man nie genau, wessen Kinder sie sind. Straußenmännchen legen sich nämlich einen »Harem« von drei bis fünf Hennen zu, die ihre Eier in dasselbe vom Hahn gebaute Nest legen. Ein Ei wiegt 1,5 Kilogramm – das entspricht rund 25 Hühnereiern. Die »Nebenhennen« werden vom Gelege vertrieben, die »Haupthenne« brütet am Tag, der Hahn in der Nacht, insgesamt 80 Tage lang. Mit einem Jahr sind die Strauße erwachsen und kommen hier auf der Straußenfarm in das Gehege der »Großen«. Geschlechtsreif sind die Tiere mit zwei bis vier Jahren. Das Durchschnittsalter von in der Wildnis lebenden Straußen liegt bei 40 Jahren, sie können aber bis zu 80 Jahre alt werden.

Die Straußenküken fressen auch aus der Hand.

1.00 Std. | 2,0 km | ↗ 0 m | ↘ 0 m | ab 4 Jahren

37

Salz und Sand, so weit das Auge reicht

Die Salinen im Süden und der Strand Es Trenc

Spaziergang durch das jüngste Naturschutzgebiet Mallorcas

In der Nähe des kleinen Touristenortes Colònia de Sant Jordi gibt es gleich zwei tolle Attraktionen unmittelbar nebeneinander: den längsten Sandstrand der Insel, Es Trenc, sowie die gleichnamige Saline, in der schon seit der Antike Salz gewonnen wird und die man besichtigen kann. Seit 2017 steht das Gebiet unter Naturschutz, wodurch der Wildwuchs an Imbissbuden am Strand beendet und das ungeordnete Parken mitten in den angrenzenden Wäldern endlich der Vergangenheit angehört.

Ausgangspunkt: Parkplatz »Es Trenc« (Navi: N39.339815, E2.993365).
Anfahrt: Am südlichen Ortsende von Campos zweigt man von der Ma-19 rechts auf die Ma-6040 Richtung Colònia de Sant Jordi ab. Man kommt zu einem Kreisverkehr, bei dem man die zweite Ausfahrt nimmt; etwa 2 km weiter nimmt man rechts die Zufahrtsstraße Richtung Es Trenc. Kein öffentliches Verkehrsmittel.
Anforderungen: Leichter Spaziergang am Strand und in den angrenzenden Dünen.
Ausrüstung: Sandalen oder leichte Sportschuhe sind ausreichend. Unbedingt Sonnenschutz und genügend Trinkwasser mitnehmen.
Kosten: Kein Eintritt für den Strand, aber 5 € Parkgebühr (Tagespauschale).
Einkehr: Restaurant Es Trenc; direkt am Strand gibt es auch kleine Kioske mit Erfrischungen und Snacks zu überteuerten Preisen.

Es Trenc ist der längste Sandstrand von Mallorca.

Tümpel im Hinterland des Strandes.

Das derzeit jüngste Naturschutzgebiet Mallorcas (seit 2017) und der Strand haben ihren Namen von dem weit ins Landesinnere reichenden Kanal – »es Trenc« bedeutet »der Kanal« –, der für die Versorgung der Saline mit Meerwasser angelegt wurde. Ein breiter Dünenstreifen trennt den Strand von den dahinterliegenden Wäldern, dazwischen verstreut gibt es kleine Tümpel, Kanäle und Brachflächen, sodass sich hier eine besonders vielfältige Tier- und Pflanzenwelt etablieren konnte.

Vom **Parkplatz Es Trenc** ❶ spazieren wir auf der Straße, auf der wir gekommen sind, zurück. Zu unserer Linken liegt ein langgestreckter Tümpel. Mit etwas Glück kann man an dessen Ufer verschiedene Vögel beobachten. Nach etwa 250 Metern nehmen wir beim Schild des Restaurants Es Trenc eine nach links abzweigende Schotterstraße, die zu einem privaten Parkplatz führt. Dabei gehen wir nun auf der anderen Seite des Sumpfgebietes an dem Tümpel entlang. Am Ende des Parkplatzes beginnt ein sandiger Fußweg, der

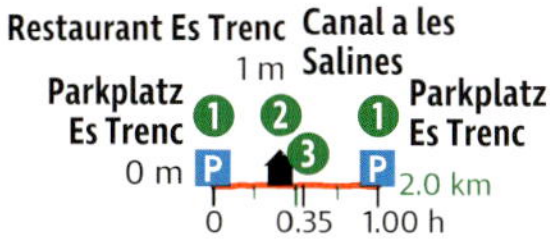

Was hier an eine Schneelandschaft erinnert, sind in Wirklichkeit Salzberge.

uns durch lichten Wald zum **Restaurant Es Trenc ②** führt. Wir spazieren an diesem vorbei und kommen hinaus auf den kilometerlangen Sandstrand, der zum Baden einlädt. Wir folgen ihm noch ein Stück nach rechts, also nach Norden, bis zum **Canal a les Salines ③**, bzw. wenn wir wollen, zu einem 50 m weiter nördlich gelegenen Kiosk, falls wir dort etwas zu essen oder trinken kaufen wollen. (Ein größeres Strandlokal, das Chiringuito del medio, wurde 2017 nach der Erklärung zum Naturschutzgebiet an dieser Stelle abgetragen.) Neben dem neuen, wie eine Mole ins Meer hinausreichenden Einlass, durch den das Meerwasser zur Saline geleitet wird, ist auch noch ein Überrest des ursprünglichen Kanals zu sehen.

Wir kehren um und gehen entweder am Strand entlang oder auf einem

Hallo Kinder,

Salz ist nicht gleich Salz – spätestens nach einem Besuch in der Saline Es Trenc werdet ihr wissen, wieso, und euch wird auch klar sein, warum das hier verkaufte Flor de Sal um ein Vielfaches teurer ist als das Salz, das man bei uns im Supermarkt zu kaufen bekommt.

Das Geheimnis liegt in der besonderen Herstellung. Während man normales Meersalz zu dicken Krusten kristallisieren lässt, um es dann mit dem Bagger zu ernten und zu feinen Körnern zu zermahlen, ist die Gewinnung des Flor de Sal wesentlich aufwendiger. Dieses besondere Salz ist auch deshalb so wertvoll, weil es einen höheren Gehalt an Mineralien wie Magnesium und Kalium aufweist. Für die Gewinnung muss die hauchdünne, nur den Bruchteil eines Millimeters dicke Salzschicht vorsichtig händisch abgeschöpft werden. Wenn das Salz einmal so dick ist, dass es auf den Grund des Beckens absinkt, ist es zu spät – es handelt sich dann nicht mehr um Flor de Sal und hat nicht mehr die einzigartige, unter dem Mikroskop an Schneeflocken oder Blumen erinnernde Kristallstruktur. Bis zu dreimal täglich müssen die Arbeiter in der Saline die Salzkruste mit einem Sieb von der Oberfläche jedes der kleinen Becken abschöpfen. Die Arbeiter tragen dabei lange Hosen und Kleidung mit langen Ärmeln, um sich vor der Sonne zu schützen, denn die reflektierende Salzkruste sorgt dafür, dass man hier doppelt so schnell einen Sonnenbrand bekommt wie normal. Schwitzen müssen manchmal aber auch Fotomodels: Da es auf Mallorca nirgends genug Schnee gibt, müssen die schneeweißen Salzflächen als Ersatz dafür herhalten, und manchmal werden hier mitten in der größten Sommerhitze Katalogaufnahmen für Wintermode fotografiert.

Saline Es Trenc

Wenn man zum Strand Es Trenc fährt, kommt man direkt an den weitläufigen Anlagen der Saline vorbei, die man auch im Rahmen von Führungen besuchen kann. Dabei lernt man nicht nur viel Wissenswertes über die Salzgewinnung, sondern auch über die Tier- und Pflanzenwelt des Naturschutzgebietes, dessen Herzstück die heute 170 Hektar große Saline bildet: Zum Beispiel über die Flamingos, die im Winter hier vorbeikommen, oder über die auch als Queller bekannte Pflanze Salicornia, die das Salz aus dem Boden aufnehmen kann und nirgends so würzig schmeckt wie hier. Es gibt auch ein kleines Café und einen Shop, in dem man das hier gewonnene Speisesalz pur oder verfeinert mit verschiedenen Kräutern, aber auch verschiedene andere lokale Produkte kaufen kann.

Anfahrt: Wie oben beschrieben; die Saline liegt direkt an der Straße zum Strand Es Trenc.

Kosten: Eintritt für Erwachsene 10 €, für Kinder 5 €.

Öffnungszeiten: Täglich von 10 bis 18.30 Uhr geöffnet, Führungen täglich um 10.00, 11.30, 13.00, 15.30 Uhr; Montag bis Samstag auch um 16.30 und 17.30 Uhr, Sonntag um 17.00 Uhr.

Informationen: Tel. +34 971 655306; www.salinasdestrenc.com

breiten Fahrweg ein Stück landeinwärts, der uns zurück zum **Restaurant Es Trenc ❷** bringt. Weiter entweder am Strand entlang oder auf einem parallel dazu verlaufenden Weg durch die Dünen gehen wir nun weiter südwärts, an einem weiteren Kiosk vorbei, bis hinter einem alten Betonbunker ein breiter **Sandweg ❹** links ins Landesinnere führt. Diesen nehmen wir und gelangen zum Ende des langgestreckten Tümpels, den wir zu Beginn entlanggegangen sind. Wir folgen seinem Ufer. Nach knapp 100 Metern könnte man auf einem stark begangenen Fußweg direkt halb links zum Parkplatz zurückgehen, wir folgen aber in der Hoffnung, noch im Naturschutzgebiet den einen oder anderen Vogel sehen zu können, dem breiten Fahrweg, der bei einem niedrigen Holztor auf die asphaltierte Zufahrtsstraße des Parkplatzes trifft. Auf dieser nun links, am Kassenhäuschen vorbei, zu unserem Ausgangspunkt, dem **Parkplatz Es Trenc ❶**.

Zur Gewinnung von Flor de Sal muss die Salzkruste händisch abgeschöpft werden.

1.30–2.00 Std.

ab 4 Jahren

Stachelige Angelegenheit

Besuch im botanischen Garten Botanicactus

Ein Highlight nicht nur für Pflanzenliebhaber

Nicht nur Liebhaber von Kakteen kommen im botanischen Garten Botanicactus bei Ses Salines auf ihre Kosten. So viele Kakteen, Sukkulenten und andere für die Balearen typische Pflanzen auf einem Fleck hat man garantiert sonst nirgendwo gesehen. Und wer möchte, kann auch als Erinnerung einen kleinen Kaktus zu einem günstigen Preis mit nach Hause nehmen.

Anfahrt: Der botanische Garten liegt direkt an der Ma-6100 zwischen Ses Salines und Es Llombards (Navi: N39.341252, E3.065516). Öffentlich erreichbar mit den (selten verkehrenden) Bussen 495 und 502.
Besuchszeit: 1.30 bis 2.30 Stunden.
Öffnungszeiten: Ganzjährig täglich geöffnet; März 9–18.30 Uhr, April bis August 9–19.30 Uhr, September und Oktober 9–19 Uhr, November bis Februar 10.30–16.30 Uhr
Kosten: Eintritt für Erwachsene 10,50 €, für Kinder bis 12 Jahre 5 €.
Einkehr: Beim Parkeingang können Kaffee, kalte Getränke und Eis erworben werden, darüber hinaus gibt es zahlreiche Einkehrmöglichkeiten im Ort Ses Salines. Es gibt auch mehrere Plätze, an denen man ein Picknick machen kann, wenn man eigene Speisen und Getränke mitbringt. Da es nur wenig Schatten gibt, sollte man auf jeden Fall selbst genug Wasser mitbringen.
Informationen: Tel. +34 971 649494, www.botanicactus.com

Botanicactus – der Name ist Programm! Auf insgesamt 150.000 m² finden sich nicht weniger als 15.000 Pflanzen aus rund 1000 verschiedenen Arten, etwa 12.000 davon Kakteen aus 400 verschiedenen Arten in allen Größen und Formen.

Am Eingang des Parks gibt es Tische und Bänke zum Rasten; in einem kleinen Shop kann man sich Getränke, Kaffee oder Eis kaufen, und hier gibt es auch – wie könnte es anders sein – kleine Kakteen, von denen die billigsten nur 2 Euro kosten.

Im Prinzip ist es egal, in welche Richtung man geht; wir empfehlen, die Tour mehr oder weniger im Uhrzeigersinn zu machen, weil man dann zum Schluss in den grünsten und »er-

Kakteen in einer Vielzahl von Größen und Formen …

holsamsten« Teil des Gartens kommt. Hält man am Eingang links, kommt man auf einem breiten Schotterweg direkt zu einem riesigen künstlich angelegten Teich. Rund um diesen gibt es ein Areal mit tropischer Vegetation, vor allem Palmen und Bambus. Wenn wir uns am Seeufer entlang nach rechts wenden, erhebt sich vor uns ein Hügel, der die Aufgabe hat, den Garten vor den Nordwinden zu schützen. Wir gehen an kleineren Teichen vorbei und kommen in den größten Bereich des Gartens, der den Kakteen und Sukkulenten gewidmet ist. Meterhohe Säulenkakteen vermitteln einem das Gefühl, mitten in der Wüste zu sein.

Wenn man sich an der kargen Schönheit sattgesehen hat, geht man weiter in den dritten und letzten Abschnitt des Gartens. Dieser mutet im Vergleich zum vorigen wie eine Oase an: Auf 25.000 m² finden sich in einer parkähnlichen Landschaft typische Pflanzen der heimischen mallorquinischen Flora: Oliven, Orangen und Zitronenbäume, Mandelbäume und Granatäpfel, und auch Eukalyptus und Zypressen sind natürlich vertreten. Es gibt eine Lagerwiese mit Rastbänken und einem Kinderspielplatz, ein großes Wasserreservoir und mehrere Brunnen, schattige Laubengänge und eine alte Windmühle. Von hier geht man über einen breiten Schotterweg, der die Südgrenze des Geländes bildet, wieder zurück zum Ausgang.

... so weit das Auge reicht.

Hallo Kinder,

Kakteen sind wahre Überlebenskünstler. Habt ihr gewusst, dass manche Arten je nach Größe mehrere Dutzend bis weit über hundert Liter Wasser aufnehmen und davon bis zu ein Jahr überleben können? Überhaupt haben Kakteen die perfekten Strategien zum Überleben im trockenen Klima entwickelt. Eine dicke Lederhaut schützt sie vor Austrocknung, die zu Dornen umgewandelten Blätter bieten der Sonne so gut wie keine Verdunstungsfläche, der Stamm besteht aus einzelnen Gewebefalten – wie bei einer Ziehharmonika –, die dadurch besonders viel Wasser aufnehmen können, und viele Arten können sich ganz von alleine fortpflanzen, weil aus abgebrochenen Teilen des Kaktus eine neue Pflanze wachsen kann.

Ihr wollt einen kleinen Kaktus als Souvenir mitnehmen, wisst aber nicht, wie ihr den stacheligen Freund sicher nach Hause bringt? Unser Tipp: Wasserflaschen aus Plastik muss man ohnehin immer wieder kaufen. Am besten nimmt man zwei, die sich im Durchmesser ganz leicht unterscheiden, schneidet sie vorsichtig und steckt sie dann zusammen. Eventuell zur Sicherheit noch mit ein paar Papierservietten oder etwas Toilettenpapier polstern, damit keine Stacheln abbrechen.

2.00 Std. | 4,9 km | ↗ 70 m | ↘ 70 m | ab 6 Jahren

39 Wandern um die Feigenbucht

Von Cala Figuera zum Torre d'en Bèu

Durch einen der letzten ursprünglichen Fischerorte Mallorcas

Cala Figuera ist ein Phänomen – vielleicht liegt es daran, dass es über keinen eigenen Strand verfügt, jedenfalls hat der Massentourismus um den Ort ganz im Süden der Insel bis jetzt einen großen Bogen gemacht. Es gibt nur wenige Appartements, kein einziges größeres Hotel und nur ein paar Lokale an der Uferstraße, dafür noch intakte Fischerhütten, die sich im hinteren Teil einer malerischen Bucht gruppieren, und einen hübschen Leuchtturm an der steilen Felsenküste.

Ausgangspunkt: Parkplatz am Ortsbeginn von Cala Figuera (Navi: Carrer Bernareggi, 42, 07659 Cala Figuera) bzw. Bushaltestelle an der Ecke Carrer de Sant Pere/Carrer Bernareggi.
Anfahrt: Auf der Ma-19 bis Santanyi, dann weiter auf der Ma-6102 direkt nach Cala Figuera. Kurz nach dem Ortsbeginn befindet sich auf der linken Straßenseite bei einem kleinen Spielplatz ein ebenso kleiner Parkplatz für die wenigen Tagesbesucher des Ortes. Öffentlich mit dem Bus 503 ab Santanyí (dort Anschluss an Busse aus Palma).
Anforderungen: Großteils leichter Spaziergang auf Asphalt, Pflasterwegen und Schotterstraßen. Beim Umrunden der Bucht muss man allerdings immer wieder Bootsrampen queren, auf denen man achtgeben muss, nicht auszurutschen.
Ausrüstung: Leichte Wanderschuhe oder Sandalen sind für die Tour ausreichend. Regen- und Sonnenschutz, Trinkwasser und Proviant.
Einkehr: Mehrere Lokale an der Strandpromenade sowie am Carrer Bernareggi in Cala Figuera.
Kurzvariante: Wenn man die Tour abkürzen will, kann man den Abstecher zum Leuchtturm auch weglassen und an der Bucht jederzeit umkehren.

Idylle am Ende der Bucht Caló d'en Busques.

Blick von der Uferstraße in die Caló d'en Boira.

Ausgangspunkt für Autofahrer ist der kleine Parkplatz von **Cala Figuera ❶** an der Ecke Carrer Bernareggi und Carrer Magallanes, direkt bei einem kleinen, aber schönen Spielplatz. Von hier gehen wir den Carrer Bernareggi bergab, also in Richtung des Ortszentrums.

Nach etwa 300 Metern kreuzt man die Straße Carrer de Sant Pere, in der sich – ein paar Meter nach rechts – die **Bushaltestelle ❷** des Orts befindet. Diese ist der Ausgangspunkt für alle, die öffentlich anreisen.

Auf dem Carrer Bernareggi 100 Meter weiter bergab kommen wir zur T-Kreuzung mit dem Carrer de Juan Sebastián Elcano und wenden uns nach rechts. Wir kommen an einer Orientierungstafel mit einem Plan von Cala Figuera und Cala Santanyí vorbei und gehen dann die nächste Straße, den Carrer de l'Església, nach links. Diese endet bei einer Stiege, die hinunter zum Carrer Verge del Came führt, der direkt oberhalb der Steilküste verläuft. Von hier hat man einen schönen Blick in die Bucht mit den Fischerbooten. Wir gehen nach links und kommen an mehreren Restaurants vorbei. Wo der Carrer Verge del Came schräg nach links bergauf führt, nehmen wir die mit einer Schranke gesperrte Straße Carrer del Moll schräg

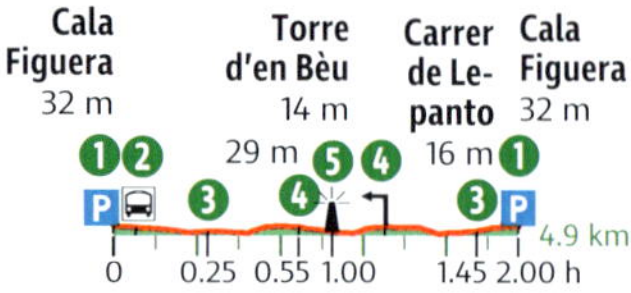

nach rechts bergab. Ein Wegweiser zeigt an dieser Kreuzung bereits zur Tourist-Info, die wir sogleich auf der linken Seite passieren. Nur wenige Meter weiter erreicht man den Port de Cala Figuera, wie ein Schriftzug auf einem Gebäude verkündet.

Die Bucht von Cala Figuera teilt sich hier in zwei Arme; wir gehen zuerst den westlichen davon, den **Caló d'en Busques**, entlang. Hier sieht es wirklich aus wie in einem Bilderbuch-Fischerdorf: weiße Häuser mit grünen Türen und Fenstern, von den Häusern führen schmale Bootsrampen für die Boote ins tiefblaue Meer, wo Fischerboote auf den Wellen schaukeln. Für Fußgänger gibt es nur einen schmalen Gehsteig, man muss immer wieder über die Bootsrampen steigen. Ein paar Meter vor dem Ende der Bucht führt eine Straße, der **Carrer de Lepanto** ❸, nach links bergauf – das ist unser späterer Rückweg.

Wir bleiben weiter direkt am Ufer und gelangen in den nördlichen Arm der Bucht, den **Caló d'en Boira**, wo es weniger Fischerhäuser und Boote gibt. Kurz nach dem innersten Teil der Bucht zeigt ein Wegweiser mit der Aufschrift »Torre d'en Bèu« nach rechts. Über Stiegen und dann über in die Felsen gehauene Stufen geht es steil bergauf, dann knickt der Weg nach rechts und führt kurz bergauf zu einer Asphaltstraße, wo ein Wegweiser mit gleicher Aufschrift wie vorhin nach links bergauf weist. Ein Stück weiter kommt man zu einer T-Kreuzung mit wiederum gleichem Wegweiser nach rechts, dem wir folgen.

250 Meter weiter zweigt eine Asphaltstraße nach rechts ab ❹, hier gibt es ein Schild mit Pfeil nach rechts und der Aufschrift »Camí de sa Covassa«, dem wir aber nicht folgen. Stattdessen gehen wir wenige Meter weiter und dort, wo sich die Asphaltstraße nach links biegt, auf

Badetipp

Vielleicht ist Cala Figuera auch deshalb vom Massentourismus verschont geblieben, weil es hier keinen richtigen Strand gibt. Wer sich nicht daran stört, von den betonierten Plattformen aus oder über die Bootsrampen ins Wasser zu gehen, kann dies natürlich auch zwischendurch während der Wanderung machen. Ein sehr schöner Sandstrand mit Umkleiden und Duschen sowie Strandlokalen befindet sich aber nur 5 Minuten mit dem Auto entfernt im Nachbarort Cala Santanyí. Es gibt allerdings auch hier nur einen recht kleinen (dafür kostenlosen) Parkplatz, sodass man früh am Morgen hier sein sollte, um einen Platz zu bekommen. Man kann auch öffentlich mit dem fünfmal am Tag verkehrenden Bus 503 Santanyí–Cala Figuera hierher gelangen.

Anfahrt: Von Santanyí oder Cala Figuera auf der Ma-6102 zum Kreisverkehr beim Friedhof, dort der Beschilderung nach Cala Santanyí folgen (Navi: Carrer Costa dels Ètics, 07659 Cala Santanyí).

einer Schotterstraße geradeaus. Hier gibt es auch wieder einen Wegweiser zum Leuchtturm **Torre d'en Bèu** ❺, den wir nach weiteren 350 Metern erreichen. Daneben befindet sich auch eine kleine Radarstation mit drehendem Balken. Hier nehmen wir den Fußweg nach rechts die Klippen entlang. Dieser entfernt sich vom Ufer und trifft auf eine Asphaltstraße. Rechts gehend erreichen wir wieder das Schild »Camí de sa Covassa« ❹ und die Asphaltstraße vom Hinweg.

Wir wandern auf demselben Weg zurück nach Cala Figuera, umrunden die Bucht Caló d'en Boira und gehen bis ans westliche Ende der Caló d'en Busques zum Ende der Straße **Carrer de Lepanto** ❸. Nun verlassen wir das Ufer und folgen der Straße bergauf. Sie knickt gleich nach links; hier befindet sich ein in eine Höhle gebautes altes Fischerhaus. Bei der nächsten T-Kreuzung nehmen wir den Carrer Verge del Carmen nach rechts bergauf und dann die erste Abzweigung nach rechts (Schild mit Pfeil zur »Villa Lorenzo«) in den Carrer Magallanes, der uns direkt zurück zum **Parkplatz** ❶ führt. Wer zur Busstation zurückmöchte, bleibt am Carrer Verge del Carmen, bis dieser wenige Meter später auf den Carrer Bernareggi trifft. Auf diesem geht man rund hundert Meter bergab zur Busstation ❷ an der Ecke mit dem Carrer de Sant Pere.

Blick zurück vom Leuchtturm nach Cala Figuera.

Der Strand von Cala Santanyí (Badetipp).

2.15 Std. | 7,0 km | ↗ 50 m | ↘ 50 m | ab 4 Jahren

40

Von Bucht zu Bucht im Naturpark

Wandern und Baden im Naturschutzgebiet Mondragó

Unberührte Küste zwischen Cala Figuera und Porto Petro

Obwohl der Süden Mallorcas weit weniger dicht verbaut ist als die Umgebung von Palma oder Alcudia, gibt es auch hier nur mehr sehr wenige Gebiete, in denen die ursprüngliche Küstenlandschaft in ihrer wilden Schönheit erhalten ist. Eines davon ist das Naturschutzgebiet Mondragó, gelegen zwischen den Orten Cala Figuera und Porto Petro. Die abwechslungsreiche Landschaft wurde 1992 unter Schutz gestellt, wodurch der geplante Bau einer Feriensiedlung verhindert werden konnte. Zahlreiche Vogel- und Reptilienarten haben hier eine Heimat, und mit etwas Glück kann man diesen unterwegs auch begegnen. Im Naturschutzgebiet liegen zudem drei der schönsten Sandbuchten weit und breit, und so kann man die Erkundungen immer wieder unterbrechen, um einen Badestopp einzulegen.

Ausgangspunkt: Parkplatz s'Amarador (Navi: Cap d'es Moro 24, 07690 Santanyí).

Anfahrt: Auf der Ma-19 bis Santanyi, dann weiter auf der Ma-6102 Richtung Cala Figuera. Rechter Hand liegt ein Friedhof, dahinter ein Kreisverkehr, bei dem wir noch geradeaus Richtung Cala Figuera fahren. Nach 1 km zweigt links eine schmale Asphaltstraße ab, auf der wir immer der Beschilderung Richtung Parc Natural de Mondragó bzw. s'Amarador folgen. Wer öffentlich anreist, fährt mit dem Bus 507 (verkehrt nur Montag bis Samstag) ab Porto Petro direkt zur Caló d'en Garrot und beginnt die Tour am dortigen Strand.

Anforderungen: Die Wege im Naturschutzgebiet sind zum Großteil eben, sandig und leicht zu begehen und stellen keine speziellen Anforderungen.

Gehzeit: Die Tour kann je nach Belieben verkürzt oder erweitert werden (1–2.15 Std.).

Ausrüstung: Leichte Wandersandalen sind ausreichend, im Prinzip können die Wege auch mit Badesandalen begangen werden. Sonnenschutz, ausreichend Trinkwasser und Badesachen gehören unbedingt ins Gepäck.

Kosten: Kein Eintritt in den Naturpark Mondragó, aber 5 € Parkgebühr (Tagespauschale).

Einkehr: Kleine Strandbar am Strand s'Amarador, weitere Einkehrmöglichkeiten in der Caló d'en Garrot.

Bademöglichkeit: Die drei Strände s'Amarador, Caló d'en Garrot und Caló des Burgit sind feinsandig und flach und somit auch für kleine Kinder geeignet.

Informationen: Tel. +34 971 181022, http://de.balearsnatura.com/parque_natural/parque-natural-de-mondrago

Aussichtspunkt am Anfang des Weges.

Der im Folgenden beschriebene Weg durch den Naturpark muss nicht in einem Stück begangen werden. Im Prinzip handelt es sich um fünf kurze Rundwege, die von den Stränden ihren Ausgang nehmen. Man kann also baden, eine kleine Runde spazieren, wieder ins Wasser gehen oder in einer Strandbar einkehren, wieder eine Runde wandern – ganz nach Belieben. Da wir die Wanderung am südlichen der beiden Parkplätze beginnen, stimmt die Nummerierung der Wege vor Ort nicht mit der Reihenfolge überein, in der sie hier beschrieben sind.

Vom **Parkplatz s'Amarador ❶** führt eine breite, aber für Autos gesperrte Asphaltstraße weiter in Richtung des gleichnamigen Strandes. Wir gehen aber nicht auf direktem Weg zu diesem, sondern zweigen bei einem Wegweiser des Rundweges Nr. 3 nach wenigen Metern rechts in den Wald ab. Wir passieren die Überreste eines Kalkofens (Infotafel), dann verläuft der schattige Spazierweg oberhalb einer kleinen Felsenbucht zu einem Mirador (Aussichtspunkt), von dem aus man bereits die beiden traumhaften, links und rechts von Felsen eingefassten Sandbuchten s'Amarador und Caló d'en Garrot sehen kann. Danach senkt sich der Weg, immer an der Küste entlang, hinunter zum Südrand der ersten Badebucht **s'Amarador ❷**.

Auf deren gegenüberliegender Seite verläuft ein betonierter Fußweg auf einem Felsband an der Steilküste entlang hinüber in die nächste, etwas schmälere Bucht **Caló d'en Garrot ❸**. In dieser befinden sich am Strand gleich mehrere Lokale, in denen man einkehren kann, und am Ende der Zufahrtsstraße auch

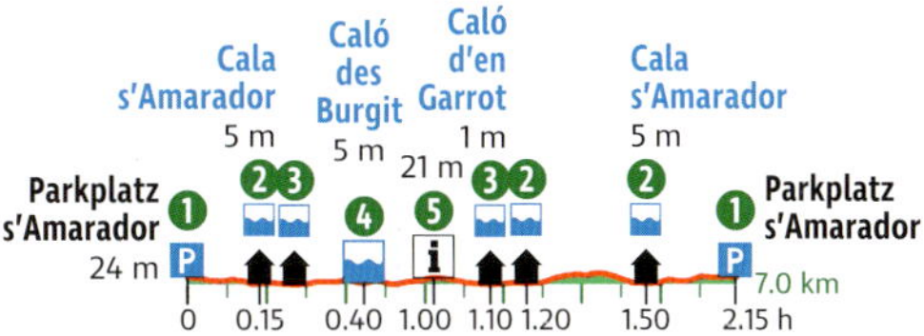

Wer den Strand s'Amarador so leer erleben möchte, sollte früh aufstehen.

eine Bushaltestelle (alternativer Ausgangspunkt).

Am Ostende des Strandes befinden sich mehrere Infotafeln und ein Rastplatz. Hier beginnt auch der ausgeschilderte Rundweg Nr. 2, dem wir nun folgen. Er ist etwas steiniger als die anderen und verläuft entlang der Küste südwärts. Man kommt an einem klotzigen Betonbunker aus der Zeit des Spanischen Bürgerkriegs vorbei, den man auch erforschen kann, dann geht es wieder nordostwärts zu einem weiteren kleinen Strand, der **Caló des Burgit ❹**. Auch hier kann man einen Badestopp einlegen. Die Bucht ist kleiner als die anderen und weniger stark besucht.

Der Rundweg biegt dann wieder nach links und führt in westlicher Richtung durch den lichten Kiefernwald zurück zum Rastplatz am Ostrand der **Caló d'en Garrot ❸**.

Wir gehen nun, eventuell nach einer kurzen Erfrischung, auf der Zufahrtsstraße an einem Hotel vorbei, das schon vor der Einrichtung des Naturparks bestanden hat, und gelangen so zu einem zweiten großen Parkplatz, bei dem sich auch das **Infozentrum ❺** des Naturparks, ein kleiner Souvenirladen und ein Rastplatz befinden.

Hinter letzterem beginnt der ausgeschilderte Wanderweg Nr. 1, der uns oberhalb des im Sommer teilweise ausgetrockneten Torrent de ses Coves del Rei zum Aussichtspunkt **Mirador ses Fonts de n'Alis** führt. Dann senkt sich der Weg hinab zu einem kleinen brackigen Tümpel, an dem wir vorbei zurück zum Strand **Caló d'en Garrot ❸** gelangen.

Anschließend kehren wir über den auf einem Felsband verlaufenden Fußweg zurück in die erste Bucht **Cala s'Amarador ❷**. In deren hinterem Teil beginnt ein weiterer, etwa 1,2 Kilometer langer Rundweg (Nr. 5). Immer der Beschilderung folgend kommt man auf diesem zunächst eben an einem künstlich angelegten Wasserreservoir vorbei. Bei einer Hausruine geht es dann kurz steiler bergauf durch einen Wald aus Steineichen und wilden Oliven. Man kommt an den Resten eines Gebäudes vorbei, trifft auf eine Schotterstraße und folgt dieser links hinaus auf freies Feld. Hier gibt es eine Rastbank unter einem großen Feigenbaum bei einem alten Steinhaus. Der Weg knickt vor einem Tor in einer Steinmauer nach rechts, gleich wieder links, führt leicht bergab und trifft dann auf den Hinweg. Der übrige Weg zurück zum Strand ist mit dem Hinweg identisch.

Wir verlassen die Bucht **s'Amarador** ❷ am Südende über Stufen und treffen auf die Asphaltstraße, die uns direkt zum Parkplatz zurückbringen würde. Bei einem Rastplatz mit mehreren Picknicktischen auf der rechten Seite kann man aber noch einen weiteren, letzten Abstecher auf dem Rundweg Nr. 4 machen: Dieser folgt einem Torrent, der auch im Sommer meist noch etwas Wasser führt und dessen Ufer von Schilf

Am Weg zwischen den beiden Hauptbuchten.

bewachsen sind. Dann biegt er sich nach links, führt über Stufen bergauf, abermals links durch Wald zu einer Abzweigung, bei der es rechts zur einer runden Unterstandshütte geht. Von dieser aus ist südlich von uns der Parkplatz bereits sichtbar. Man kann gleich abkürzen und auf einem Trampelpfad dorthin gehen. Oder man geht zurück zur Gabelung, folgt dem offiziellen Weg Nr. 4 zurück zur Asphaltstraße und erreicht auf dieser rechts haltend ebenfalls den **Parkplatz** ❶.

Die kleine, aber feine Bucht Caló des Burgit.

Stichwortverzeichnis

Noch mehr Urlaubsspaß ...

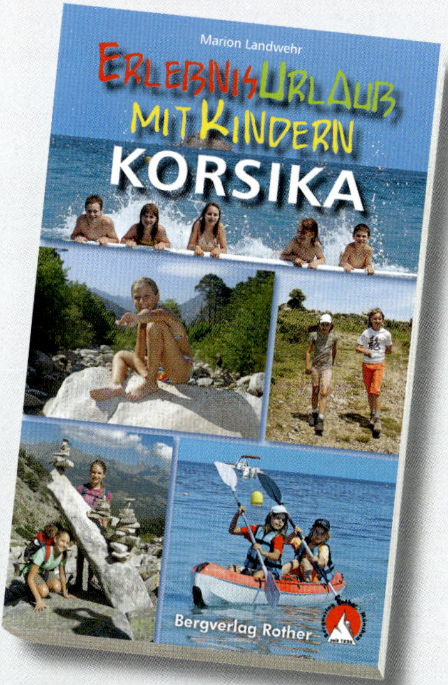

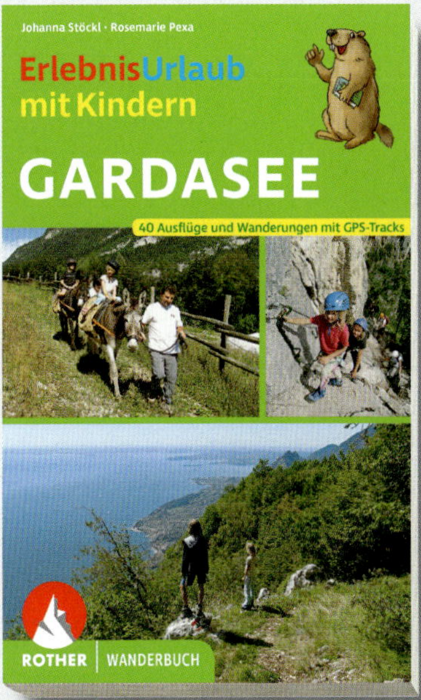

ROTHER | WWW.ROTHER.DE

Impressum

Umschlagbilder: Oben: In der Schlucht des Torrent de Pareis (Tour 19) und Anstieg zur Talaia Nova am Cap Vermell (Tour 29).
Unten: Am Strand Platja de Torrent de Pareis (Tour 19).

Umschlagrückseite: Unterwegs zur Ermita de la Victòria (Tour 24).

Bild Seite 1: In der Schlucht des Torrent de Pareis (Tour 19).

Bild Seite 24/25: Blick über die Bucht von Canyamel (Tour 29).

Alle Fotos von den Autorinnen.

Die Autorinnen:
Johanna Stöckl ist Wanderführerin und Autorin; Rosemarie Pexa ist als Journalistin, Autorin, Wanderführerin und in der Erwachsenenbildung tätig. Beide stammen aus Wien und schreiben schon seit mehr als einem Jahrzehnt auch Wanderbücher. Bei den Recherchen sind die beiden Kinder Martin und Sonja fast immer mit von der Partie.
Website der Autorinnen: www.stoeckl.me

Kartografie: 25 Wanderkärtchen im Maßstab 1:25.000 und 1:50.000 sowie zwei Stadtpläne im Maßstab 1:10.000 und 1:25.000 © Johanna Stöckl; Übersichtskarte im Maßstab 1:515.000 © Freytag & Berndt, Wien

Illustrationen:
Alle Illustrationen von Stephanie Stickel (www.stephanie-stickel.de).

1. Auflage 2020

ISBN 978-3-7633-3265-6

FSC MIX
Papier aus verantwortungsvollen Quellen
FSC® C021956
www.fsc.org

Wir freuen uns über jeden Korrekturhinweis zu diesem Wanderbuch!
Bitte per E-Mail an: **leserzuschrift@rother.de**

ROTHER BERGVERLAG · Keltenring 17 · D-82041 Oberhaching
Tel. +49 89 608669-0 · www.rother.de